产教融合下电子商务专业学生就业竞争力的提升策略

张 兵 李 蓓 尹志学⊙著

中国商业出版社

图书在版编目（CIP）数据
产教融合下电子商务专业学生就业竞争力的提升策略 / 张兵，李蓓，尹志学著. -- 北京 : 中国商业出版社，2025. 5. -- ISBN 978-7-5208-3410-0
Ⅰ. F713.36-4
中国国家版本馆CIP数据核字第2025ZJ6473号

责任编辑：葛　伟

中国商业出版社出版发行
(www.zgsycb.com 100053 北京广安门内报国寺 1 号）
总编室：010-63180647 编辑室：010-83118925
发行部：010-83120835/8286
新华书店经销
河北浩润印刷有限公司印刷
*
710 毫米 ×1000 毫米　16 开　11.5 印张　188 千字
2025 年 5 月第 1 版　2025 年 5 月第 1 次印刷
定价：78.00 元
****

Foreword

前 言

产教融合，作为一种通过学校与企业深度合作、共同培养人才的创新教育模式，已经在各类专业的教学改革中取得了显著成效。对于电子商务专业而言，产教融合不仅有助于提升学生的专业技能，还能有效增强其综合素质，进而提高就业竞争力。随着产业界对专业技能、创新思维和跨学科综合能力的要求越来越高，传统的课堂教学已经不能完全满足市场对高素质人才的需求。而产教融合提供了一个全新的视角，它不仅关注学生的专业知识技能，更注重培养学生的实践能力、创新能力和解决实际问题的能力。通过这种模式，电子商务专业的学生能够在学习阶段就充分了解企业的实际需求，提升他们的行业适应性和综合素质，进而在激烈的就业市场中脱颖而出。

本书围绕产教融合对电子商务专业教育的深远影响展开，深入探讨了如何通过校企合作、课程体系设计、实习实践、项目驱动教学等路径，培养符合行业需求的高素质电子商务人才。书中阐述了产教融合的概念与意义，探讨了电子商务行业的发展趋势与就业市场需求，明确了产教融合如何化解当前教育体系和市场需求之间的矛盾，推动教育与产业的深度对接；通过对电子商务专业学生就业竞争力的构成要素进行剖析，指出学生的专业知识与技能、创新能力与解决实际问题能力、职业素养与综合素质等方面的重要性，并提出了具体的提升策略；深入讨论了产教融合在电子商务教育中的实践路径，包括产教融合的模式与类型、校企合作的实践路径、实习实践与项目驱动教学等，并提出了具体的实施措施；探讨了如何通过课程内客与行业需求的对接、案例教学与实践演练的结合以及校企合作中的实际项目参与等策略提高学生专业技能与实践能力；讨论了如何通过创新思维的培养与实践、创业教育与电子商务创新应用的开展以及专业素养与人文素质的并重培养，进一步提升学生的创新能力和综合素质；提出了如何通过设计就业导向培养模式、精准对接企业需求培养人才、搭建学生就业实习与就业指导体系等，完善就业导向培养与服务的建议；通过对学生就业竞争力评估与反馈机制的分析，帮助学校为学生提供更全面的就业服务，提升学生的就业率与就业质量。

本书不仅为电子商务专业教育的深化改革提供了理论支持，更为广大学生就业竞争力的提升提供了可操作的实践方案。在全球化与信息化的时代背景下，电子商务行业迅速发展，人才的培养与流动呈现出前所未有的复杂性和多样性。学生的就业竞争力不仅仅体现在基础的专业知识层面，更体现在综合素质和实践能力层面。书中提出的产教融合策略，通过将理论与实践有机结合，帮助学生在学习过程中获得真实的行业经验，使其在毕业后能够迅速适应工作岗位。这一模式无疑为电子商务专业教育提供了崭新的思路，推动了教育内容与行业需求的深度融合，从而培养出更多符合企业需求的优秀人才。通过校企合作、课程创新以及实践驱动的教学模式，学生能够在实践中不断完善自我，提升个人竞争力，最终在复杂的就业市场中占据一席之地。

Contents

目 录

第一章　产教融合与电子商务专业发展的背景

第一节　产教融合的概念与意义

一、产教融合的定义与内涵

产教融合是指产业与教育之间深度合作与协同发展，通过资源整合、优势互补，实现教育链与产业链的有机衔接。这一概念源自德国的“双元制”教育模式，这一模式强调通过理论知识与实践技能的结合，培养既具备专业知识又具备实践操作能力的高素质人才。随着经济全球化和产业升级的加速，传统的教育模式已经无法满足快速变化的行业需求。产教融合应运而生，成为推动教育改革和经济发展的重要力量。尤其是在我国，国家政策不断推进教育与产业的深度融合，力图通过教育与产业的协同创新，推动经济高质量发展。

产教融合的核心内涵可以从以下几个方面进行详细解析。

（一）教育内容与产业需求的对接

教育内容与产业需求的对接是产教融合的核心要素之一，其核心目标在于通过校企合作，将产业的最新技术、工艺和管理经验引入课程体系之中，确保教育内容与行业需求同步，避免出现教育资源与市场需求脱节的问题。随着全球化和技术革新的加速，产业对人才的需求日益多样化，传统的教育模式往往难以迅速适应这些变化。因此，产教融合通过建立校企合作机制，使学校能够及时掌握行业发展的最新动态，并据此调整课程内容和教学方法，确保学生所学的知识能够紧跟行业的发展。在具体实践中，教育内容与产业需求的对接可以通过多种方式实现。首先，学校可以邀请行业专家参与课程设计，确保课程内容能够反映行业的最新趋势和技术发展。例如，在信息技术领域，学校可以与企业合作，将最新的编程语言、云计算技术、人工智能算法等引入到课程中，使学生能够掌握前沿技术。其次，学校可以通过建立实习基地、实验室等方式，为学生提供实践机会，使其能够在真实的工作环境中应用所学知识。例如，在电子商务领域，学校可以与电子商务平台合作，将最新的电子商务技术、平台运作模式以及用户需求分析方法引入到课程中，提升学生的实践能力，使其更具市场竞争力。最后，校企合作还能够使学生了解行业的实际需求。通过行业专家的参与和讲解，学生能够深刻理解企业的运营模式、行业挑战以及未来发展趋势。

（二）人才培养模式的创新

传统的教育模式大多是以课堂教学为主，强调知识的传授，却忽视了学生的实践能力和创新精神的培养。这种模式在工业化时代或许能够满足社会对人才的需求，但在知识经济时代尤其是在技术快速迭代的背景下，单一的知识传授模式已经无法满足复杂多变的行业需求。而产教融合通过工学结合、项目驱动、校企联合等方式，创新人才培养的路径，使学生在真实的工作环境中学习和成长。

在工学结合的模式下，学生不仅在学校接受理论知识的学习，还能够在企业中进行实践操作，将理论与实践相结合。这种模式能够有效提升学生的实践能力，使其毕业后能够迅速适应工作岗位。例如，在工程领域，学生可以在学校学习工程设计理论，然后在企业中进行实际项目的设计和实施，从而掌握工程实践中的关键技能。

在项目驱动教学模式下，学生不再是接受知识的被动角色，而是积极参与项目的开发、实施和管理，承担实际的工作任务，亲身体验企业运营的每一个环节。这种方式能够培养学生的团队合作精神、沟通能力、解决实际问题的能力和创新能力，为他们将来走上工作岗位打下坚实基础。例如，在信息技术领域，学生可以参与企业的软件开发，从需求分析、系统设计到代码编写和测试，全程参与项目的各个环节，从而提升其综合能力。

校企联合培养模式是通过学校与企业的深度合作，共同设计人才培养方案，确保培养出的人才符合行业需求。在这种模式下，企业不仅是教育资源的提供者，也是学生培养过程中的重要参与者。企业通过与学校的合作，能够更加精确地设计出符合行业需求的人才培养方案，使学校培养出的学生更具实用价值。例如，在金融领域，学校可以与金融机构合作，共同设计金融科技课程，培养既懂金融又懂技术的复合型人才。

（三）资源共享与协同发展

通过校企合作，学校和企业可以优势互补，彼此共享资源，进而实现教育与产业的深度融合。企业提供的实践平台、最新的技术支持以及市场需求分析等，能够为学校的教学活动提供宝贵的实践案例和数据支持。学校则能够通过其研究成果、教学资源和专业人才，推动企业技术创新与发展。通过这种协同发展，学校和企业共同受益，达到互利共赢的效果。

在资源共享方面，企业可以为学校提供实习机会、合作研发项目、技术支持等。例如，在制造业领域，企业可以为学校提供先进的生产设备和工艺技术，使学生能够在真实的生产环境中进行实践操作，掌握最新的制造技术。学校则可以通过其学术研究成果为企业提供技术咨询、行业报告等服务，帮助企业提升技术水平和市场竞争力。

协同发展则是通过学校与企业的深度合作，共同推动教育与产业的创新与发展。例如，在新能源领域，学校可以与新能源企业合作，共同开展新能源技术的研究与开发，推动新能源技术的产业化应用。通过这种协同发展，学校和企业共同推动了教育与产业的深度融合，实现教育与产业的共同进步。

企业的参与还能够帮助学校更新教学设备和课程内容，使学生能够接触行业内最前沿的技术和管理理念，从而提高教育的质量和实用性。例如，在信息技术领域，企业可以为学校提供最新的计算机设备和软件工具，使学生能够掌握最新的信息技术。学校则可以通过其教学资源和专业人才，为企业提供技术培训和人才支持，帮助企业提升员工的技术水平。

二、产教融合的理论基础

（一）人力资本理论

人力资本理论是产教融合的核心理论之一，其起源于美国经济学家加里·贝克尔提出的经济理论。贝克尔在其著作《人力资本》中阐述，教育与培训是对个体知识、技能、能力等方面的投资，这种投资能够显著提高个体的劳动生产率，从而推动社会经济的发展。人力资本理论的核心观点在于，教育不仅是个人职业发展的关键途径，也是推动整个社会和经济体系增长的基础因素。

在人力资本理论的框架下，教育对经济的贡献被明确为提升劳动者的能力和生产力。通过提升个体的知识和技能，教育能直接提高其在劳动力市场上的价值，从而带来更高的经济回报。通过教育，劳动者不仅能够在短期内获得更好的就业机会，从长期来看，也能够提升整个社会的经济活力和竞争力。

产教融合深刻地体现了人力资本理论的核心理念。通过校企合作、课程设计与行业需求的结合，教育能够更直接地满足市场对高素质、技术熟练的劳动力的需求。企业通过参与教育过程，能够为学校提供技术与行业需求的实时反馈，帮助学校及时调整课程设置，确保教育内容与产业需求紧密衔接。这种融合使学生能够在理论学习的基础上，获得更具实际操作性的技能，提升其就业能力，增强其职场适应力。此外，人力资本理论强调的长期效应也在产教融合的过程中得到了体现。教育的投资不仅能在短期内提升学生的就业竞争力，还能通过持续优化人才培养模式，提升整个社会劳动力的质量，为促进经济的长期增长奠定坚实基础。

（二）协同创新理论

协同创新理论是产教融合的一个重要理论基础，该理论强调产业与教育之间的协作能够产生“1+1>2”的效应。协同创新理论由学者霍金斯等人提出，其核心观点认为，产业与教育之间的合作不仅仅是资源的简单叠加，更重要的是通过双方的优势互补，创造出超越单方效应的整体创新价值。

在产教融合的背景下，学校和企业通过协同创新，能够在多个方面互相促进。学校为企业提供专业知识、研究成果和技术支持，同时也培养出大量符合行业需求的专业人才；企业为学校提供最新的技术应用、市场需求和行业实践，帮助学校将教学内容与行业动态紧密结合。通过这种深度的协作，产教融合不仅提高了教育的质量，更推动了技术创新和产业的现代化。例如，在高科技产业中，学校与企业的协同创新可以通过共同开发科研项目、共同举办技术研讨会、联合进行技术攻关等方式，促进技术的创新与成果的转化。企业通过参与教育活动，能够引入最新的技术趋势和行业需求，帮助学校及时更新课程内容，保持教育的前沿性；学校通过向企业提供最新的科研成果和人才支持，推动企业的技术进步与创新能力的提升。这种协同创新不仅提升了教育体系的服务能力，还为产业提供了源源不断的创新动力。企业能够通过这种合作发现并引导未来技术的发展方向，而学校则可以在这个过程中培养出符合未来产业需求的创新型人才。

（三）教育生态学理论

教育生态学理论将教育与产业的关系视为一个有机的整体，强调教育与产业是相互联系、相互依存的。这个理论源自生态学中的“生态系统”理论，认为各个教育和产业的元素就像生态系统中的不同组成部分一样，通过彼此协作共同维持整个系统的健康与活力。

在教育生态学的框架下，教育和产业的关系被看作相互作用、相互依赖的协同过程。教育不仅是人才的培养者，还通过与产业的合作与互动，促进自身的更新与发展；同样，产业也依赖于教育提供的高素质人才和技术支持，推动产业的进步与创新。因此，教育与产业的关系不应是单纯的线性过程，而应该是一个双向互动、相互促进的协同发展过程。

在产教融合的背景下，教育生态学理论表明，教育体系和产业体系是一个密不可分的整体。教育系统通过校企合作、实践基地建设等形式，获得了产业的最新需求和技术支持；企业通过与学校的合作，获得了源源不断的高素质人才，并能够利用学校的技术和研究成果推动自身的发展。这种相互依存的关系有助于实现教育和产业的共同进步，推动社会经济的持续创新与发展。

教育生态学理论的应用强调教育体系在快速变化的社会环境中的可持续性。在全球化、信息化的今天，教育和产业的界限已经不再明确，两者之间的互动与合作变得更加紧密。教育体系如果与产业需求脱节，就会面临人才培养的滞后性，从而影响经济的创新发展。因此，教育生态学理论为产教融合提供了有力的理论支持，强调了协同发展对于教育持续改进和产业升级的重要性。

三、产教融合的现实意义

（一）推动经济高质量发展

产教融合能够有效提升高素质人才的培养速度和质量，为经济高质量发展提供坚实的人才支持。在全球化和信息化背景下，经济的竞争越来越依赖人才的质量。通过产教融合，学校能够根据产业的实际需求培养出高素质、具有实践能力和创新能力的人才，这些人才将成为推动经济发展的关键力量。例如，在制造业、互联网技术和高端服务业等行业，人才的需求呈现高技能、高素质的特点。传统的教育模式已经难以适应这些行业的需求，而产教融合能够帮助学校及时调整人才培养方案，使其更加贴合行业的发展趋势，从而为行业提供更多符合市场需求的创新型人才。

（二）提升教育质量

产教融合能够使教育内容更加贴近实际需求，提高教育的实际效益。通过企业的参与，学校能够获得行业的最新动态与技术需求，将这些信息及时融入课程体系中，确保教育内容的前瞻性和实用性。企业还能够为学校提供实践平台，使学生能够在真实工作环境中获得实习机会和实践经验，这对提升学生的就业竞争力具有重要作用。产教融合的实施使教育质量得到了显著提升，不仅加强了学生的实际能力，还帮助学生在就业市场中获得更高的认可度。企业的参与使教育过程更加贴近市场需求，从而使培养出来的人才能够更好地适应行业需求。

（三）促进创新驱动发展

产教融合通过校企合作推动技术创新和成果转化，进一步促进产业升级。通过企业与学校的协同创新，学校能够为企业提供技术支持，推动科技成果转化；企业能够为学校提供实际需求和数据支持，帮助学校开展更多的应用研究。通过这种合作，教育和产业实现了互利共赢，为经济的创新驱动发展提供动力。例如，许多高新技术产业的崛起离不开教育与产业的紧密合作。高校通过与企业合作，进行技术研发与人才培养，为企业提供创新型人才和技术支持；企业通过提供实践平台和技术需求，推动教育内容的更新与技术的进步。

第二节　电子商务行业的发展趋势与就业市场需求

一、电子商务行业的发展现状

近年来，随着互联网技术的不断创新和消费者行为的迅速变化，电子商务行业迎来了爆发式增长，成为推动全球经济发展的重要引擎之一。特别是在我国，电子商务行业呈现模式多元化、技术创新驱动和全球化布局并行发展的显著特点。根据中商产业研究院发布的《2024—2029 年中国电子商务行业发展研究与投资前景分析报告》，2023 年中国电子商务交易额已达到 46.83 万亿元，同比增长 9.4%，并预测到 2024 年交易额将进一步攀升至 50.43 万亿元，显示出电子商务在国内外市场中的巨大潜力和强劲增长动力。

电子商务行业的发展现状可以从以下几个方面详细探讨。

（一）多元化发展

电子商务行业的快速发展不仅体现在传统的 B2C（企业对消费者）和 C2C（消费者对消费者）模式的扩张，还呈现社交电子商务、直播电子商务、跨境电子商务等多元化发展的趋势。传统的电子商务平台主要依靠平台化的交易体系，商家和消费者之间通过线上平台进行商品交易和支付，模式较为简单。然而，随着社交媒体的兴起和智能手机的普及，社交电子商务和直播电子商务逐渐崛起，并且迅速成为市场的主流。

社交电子商务依托社交平台如微信、微博、抖音等，通过社交网络的裂变效应，实现了低成本、高效率的用户获取和转化。社交电子商务模式的核心在于通过人际关系的传播和社交媒体平台的互动性，促使用户通过分享、评论、推荐等方式参与电子商务活动，形成良性的市场生态。例如，利用社交平台的“朋友圈”分享功能，商家能够迅速扩大品牌影响力，同时消费者在推荐和转发中获得优惠，也增加了平台的活跃度。由于其较低的获客成本和高效的传播效果，社交电子商务迅速占领了部分市场份额，成为新的电子商务增长点。

直播电子商务是近年来新兴的电子商务模式，其通过实时互动和场景化营销为用户提供更加沉浸的购物体验，极大地提升了用户的购买转化率。在直播电子商务中，主播通过视频直播与观众实时互动，展示商品、回答问题、讲解使用方法等，这种场景化的营销方式让消费者更直观地了解产品，产生购买欲望。尤其是“带货”直播的兴起，吸引了大量商家和品牌投入资源，服装、美妆产品、食品、家居用品、电子产品等品类纷纷涌入直播电子商务的领域。

跨境电子商务是指通过电子商务平台，打破国际贸易壁垒，将国内商品销售到海外市场，或从海外购买产品并销售到国内。随着全球化进程的加快，消费者对海外商品的需求不断增加，跨境电子商务成为我国企业开拓国际市场的重要途径。平台如阿里巴巴国际站、亚马逊、速卖通等，提供了一个连接国内外市场的便捷渠道。跨境电子商务不仅让国内消费者能够购买到国际品牌和商品，也让我国企业能够在全球市场中获得更多曝光和市场份额。与此同时，跨境电子商务也面临着跨国物流、关税政策、支付结算等问题，但随着全球贸易便利化措施的推进，这些挑战正在逐步得到解决。

（二）技术创新驱动

技术创新是推动电子商务快速发展的核心驱动力，特别是大数据、人工智能、区块链等新兴技术的广泛应用，使电子商务行业在智能化、个性化、自动化等方面得到了革命性的提升。

大数据技术的应用使电子商务平台能够精准地分析用户行为，从而优化产品推荐、定价策略和广告投放。通过对海量数据的处理，平台可以深入了解消费者的购物习惯、兴趣偏好和购买能力，从而提供个性化的购物体验。例如，电子商务平台可以根据消费者的浏览历史、购买记录和搜索习惯，实时推荐与其需求相关的商品，极大地提高了转化率和用户黏性。

人工智能技术在电子商务中的应用涵盖智能客服、商品推荐、物流管理等多个方面。智能客服通过自然语言处理技术，能够在不依赖人工干预的情况下，解答消费者的问题，提供售前咨询和售后服务，提升客户满意度。同时，人工智能还被广泛应用于智能仓储、智能物流调度等领域，进一步优化了电子商务平台的运营效率和用户体验。通过机器学习和预测算法，人工智能还可以实时调整商品推荐策略，提高个性化推荐的准确性和效果。

区块链技术的引入为电子商务带来了更高的透明度和安全性。区块链技术的去中心化、不可篡改的特性使交易数据更加可靠，消费者可以更放心地进行交易。尤其在跨境电子商务和供应链管理中，区块链技术能够确保商品的溯源性和供应链的透明度，提升消费者对商品的信任度。区块链技术还在支付安全方面发挥着重要作用，减少了欺诈和信息泄露的风险。虚拟现实（VR）和增强现实（AR）技术的引入为电子商务提供了全新的购物体验。消费者可以通过 VR 技术进行虚拟试衣、虚拟试妆等操作，提前感受产品的实际效果。这种身临其境的购物体验极大地增强了用户的互动性和沉浸感，提高了购买转化率。例如，家居电子商务平台可以通过 AR 技术，帮助消费者在虚拟环境中摆放家具，体验不同家居布局效果，从而作出更为精准的购买决策。

（三）全球化布局

随着全球化进程的加速，跨境电子商务成为电子商务行业发展的重要趋势之一，许多电子商务企业开始积极布局国际市场，进一步拓展业务范围。全球市场对海外商品需求的不断增加，使跨境电子商务成为电子商务企业的新增长点。

跨境电子商务平台如阿里巴巴国际站、亚马逊、速卖通等，正在通过提供多元化的商品选择和便捷的支付方式，吸引全球消费者。对于我国企业而言，跨境电子商务不仅帮助其扩大了市场份额，还能借助全球平台的品牌效应和流量优势，快速提升国际知名度。随着国际消费者对中国制造商品的需求不断增长，跨境电子商务不仅成为我国出口贸易的新途径，也为全球消费者提供了更多选择。

跨境电子商务的发展也面临不少挑战。首先，跨境电子商务涉及复杂的物流、关税、支付结算等问题，这些问题常常增加了跨境交易的成本。虽然国际物流体系的完善和跨境支付系统的创新使交易流程得到了简化，但高昂的物流成本和复杂的关税政策仍然是跨境电子商务面临的重要障碍。为了应对这些挑战，电子商务企业需要不断优化全球供应链，提升物流配送效率，并且根据不同国家和地区的法律法规和文化差异，提供定制化的服务。其次，跨境电子商务的国际化布局还需要面对多样化的市场需求和复杂的国际政策环境。不同国家在税收政策、进出口管理、消费者保护等方面存在差异，这要求电子商务企业具备足够的跨文化沟通能力和应变能力。为了适应这一点，电子商务企业需要投入更多的资源来了解和适应不同市场的需求，以便为消费者提供更加优质的服务。

二、电子商务行业的发展趋势

（一）智能化与个性化

随着大数据和人工智能技术的快速发展，电子商务平台的智能化与个性化趋势日益显著。这一趋势的核心在于通过技术手段精准分析用户需求，提供定制化的购物体验，从而提升用户满意度和平台竞争力。传统的“千人一面”的营销模式已无法满足消费者日益多样化和个性化的需求，而大数据技术的应用为电子商务平台提供了全新的解决方案。

大数据技术通过对用户行为数据的深度挖掘，能够精准识别用户的偏好、消费习惯和潜在需求。例如，通过对用户的浏览历史、购买记录、搜索关键词等数据的分析，平台可以构建用户画像，从而实现个性化的产品推荐和营销策略。这种精准营销不仅能够提高用户的购买转化率，还能增强用户的黏性和忠诚度。例如，亚马逊的推荐系统通过分析用户的购买历史和浏览行为，能够为用户推荐高度相关的商品，极大地提升了用户的购物体验。

人工智能技术在电子商务中的应用日益广泛，尤其是在智能客服、智能搜索和智能推荐等领域。智能客服通过自然语言处理技术，能够实时解答用户的疑问，提供“7×24”小时的服务，极大地提升了用户的满意度。智能搜索则通过分析用户的搜索历史和偏好，能够提供更精准的搜索结果，帮助用户快速找到所需的商品。智能推荐系统则通过机器学习和深度学习算法，能够根据用户的浏览和购买记录，推荐最符合其需求的商品，从而提升用户的购物体验。

此外，智能化与个性化还体现在供应链管理和物流配送的优化上。通过大数据和人工智能技术，平台能够预测用户需求，优化库存管理，减少库存积压和缺货现象。同时，智能物流系统能够根据用户的地址和订单信息，优化配送路线，提高配送效率，降低物流成本。例如，京东通过其智能物流系统，能够实现“当日达”和“次日达”，极大地提升了用户的购物体验。

（二）社交电子商务的崛起

社交电子商务的崛起是电子商务行业的重要趋势之一，其核心在于通过社交媒体的裂变效应，实现低成本、高效率的用户获取和转化。随着社交媒体的普及，用户通过社交平台进行购物和分享已成为常态，社交电子商务正逐渐成为电子商务行业的新增长点。

与传统电子商务相比，社交电子商务更加注重用户的社交互动和口碑传播。通过用户的分享和推荐，社交电子商务能够快速扩大品牌的影响力和产品的销售量。例如，微信小程序、抖音直播等社交电子商务平台通过社交媒体的流量优势，迅速吸引了大量用户和商家入驻。微信小程序通过其便捷的操作和社交属性，能够实现用户的快速转化，而抖音直播则通过短视频和直播的形式，能够直观地展示商品的特点和使用效果，吸引用户购买。

社交电子商务的崛起不仅改变了传统的营销模式，还为中小企业和创业者提供了更多的发展机会。通过社交电子商务平台，中小企业和创业者能够以较低的成本进入市场，快速积累用户和品牌影响力。例如，拼多多通过其社交电子商务模式，迅速崛起为我国领先的电子商务平台之一，其核心在于通过用户的拼团和分享，实现低成本、高效率的用户获取和转化。社交电子商务还通过社交网络的裂变效应，实现了用户的快速增长和品牌传播。通过用户的分享和推荐，社交电子商务能够实现“病毒式”传播，迅速扩大品牌的影响力和产品的销售量。例如，小红书通过其社区分享模式，吸引了大量用户分享购物心得和使用体验，从而提升了品牌的知名度和用户的信任度。

（三）绿色电子商务的兴起

随着全球环保意识的增强，绿色电子商务正逐渐成为电子商务行业的重要发展方向。绿色电子商务不仅关注产品的环保属性，还注重整个供应链的绿色化和可持续发展，通过践行环保理念，提升品牌形象和用户信任度。

绿色电子商务的核心在于通过环保包装、减少物流碳排放、推广环保商品等方式，积极践行环保理念。例如，绿色电子商务平台通过推广可降解包装材料、减少一次性塑料的使用，降低包装对环境的影响。同时，通过优化物流配送路线，减少物流车辆的碳排放，降低物流对环境的影响。此外，绿色电子商务还通过推广环保商品，鼓励用户选择环保产品，从而提升用户的环保意识。

区块链技术在绿色电子商务中的应用也日益广泛，尤其是在产品的溯源和认证领域。通过区块链技术，绿色电子商务平台能够实现产品的全程溯源，确保产品的环保性和真实性。例如，通过区块链技术，用户能够查询商品的原材料来源、生产过程、物流信息等，从而确保商品的环保性和真实性。这种透明化的溯源体系不仅能够提升用户的信任度，还能增强品牌的竞争力。此外，绿色电子商务还通过环保认证和标签，帮助用户识别环保产品。例如，通过获得国际环保认证的商品，用户能够快速识别出环保产品，从而作出更环保的消费选择。

（四）跨境电子商务的深化

随着全球化进程的加速，跨境电子商务正逐渐成为电子商务行业的重要增长点。跨境电子商务的发展不仅为企业提供了更广阔的市场空间，还为消费者带来了更多样化的商品选择。然而，跨境电子商务的发展也面临着诸多挑战，如物流成本高、支付结算复杂、法律法规差异等。为了应对这些挑战，电子商务企业需要加强全球供应链的整合，优化跨境物流和支付体系。例如，通过建立海外仓储和物流中心，企业能够缩短配送时间，降低物流成本。同时，通过与当地物流公司合作，企业能够优化配送路线，提高配送效率。

跨境电子商务的深化还体现在对不同国家和地区的法律法规和文化差异的适应上。通过深入了解目标市场的法律法规和文化习惯，企业能够制定更符合当地市场的营销策略和产品方案。例如，通过本地化的网站设计和语言翻译，企业能够提升用户的购物体验，增强用户的信任度。同时，通过遵守当地的法律法规，企业能够避免法律风险，确保业务的顺利开展。

跨境电子商务的深化还体现在对全球消费者的服务提升上。通过提供多语种客服、本地化售后服务等，企业能够提升用户的满意度和忠诚度。例如，通过提供 24 小时的多语种客服，企业能够及时解答用户的疑问，提升用户的购物体验。通过跨境电子商务的深化，企业不仅能够提升自身的竞争力，还能为全球消费者提供更优质的服务和体验。

三、电子商务行业的就业市场需求

（一）技术类人才

1. 数据分析师

数据分析师在电子商务平台中发挥着关键作用，他们通过对海量用户行为数据的分析，深入挖掘用户的兴趣、购买习惯、消费能力等，从而为平台提供更精准的市场洞察。数据分析师利用各种统计学和机器学习算法对用户数据进行建模，生成预测模型和推荐算法，帮助平台实现个性化推荐和精准营销。这一过程不仅提升了用户的购物体验，还大大提高了商家的转化率和销售额。例如，数据分析师通过对电子商务平台用户的浏览和购买记录进行分析，能够根据用户的历史偏好，实时推荐相关商品，极大提升了消费者的购物效率和平台的盈利能力。此外，数据分析师还能够通过对市场数据的分析，帮助电子商务平台制定合理的定价策略、促销活动和库存管理策略。

2. 人工智能工程师

人工智能在电子商务行业中的应用不断深化，人工智能工程师是推动这一进步的核心力量。人工智能技术可以应用于电商平台的多个环节，包括智能客服、商品推荐、语音识别、图像识别、智能仓储等。通过机器学习和自然语言处理技术，人工智能工程师帮助平台实现自动化服务，降低人工成本，同时提高效率和用户体验。例如，智能客服系统通过自然语言处理技术能够理解并回答用户的问题，提供24小时服务，并能够通过学习用户的需求，逐步提高服务质量。智能推荐系统根据用户的兴趣和购买历史，精准地为用户推荐相关商品，提高了用户的购物满意度和平台的购买转化率。人工智能的进一步应用将使电子商务平台更加智能化，提升用户体验，同时推动行业向智能化转型的进程。

3. 区块链开发人员

随着区块链技术的成熟，其在电子商务行业的应用也逐渐增加。区块链技术的最大特点是去中心化、透明化和不可篡改性，这使其在支付安全、供应链管理和数据隐私保护等领域具有巨大的应用潜力。区块链开发人员负责设计和开发区块链平台，使其能够为电子商务行业提供更加安全可靠的交易环境。例如，跨境电子商务平台使用区块链技术进行支付结算时，可以通过去中心化的系统避免中介环节，减少支付成本和时间，提高交易效率。同时，区块链可以用于商品的溯源管理，确保商品的真实性和质量，增强消费者对平台的信任。区块链的应用将极大提升交易的透明度和安全性，为电子商务行业带来新的发展机遇。

（二）运营类人才

1. 电子商务平台运营人员

电子商务平台运营人员在电子商务行业中起着至关重要的作用，他们负责平台的日常管理与优化，确保平台能够提供高效的运作和优质的用户体验。随着电子商务市场的竞争愈加激烈，运营人员的工作不仅仅是维持平台的正常运行，更是提升平台竞争力的核心。运营人员需要充分掌握电子商务平台的各项业务流程，包括数据分析、用户需求、市场趋势及平台的优化策略，确保平台始终处于领先地位。

第一，数据分析是电子商务平台运营人员的基础工作之一，通过对平台各类数据的监控和分析，运营人员能够实时把握平台的运营现状和市场变化趋势。运营人员需要跟踪销售数据、用户行为数据、库存情况及用户反馈，从而判断平台的优劣势，并对运营策略进行调整。例如，销售数据不仅帮助运营人员识别热销商品，还能发现滞销商品，通过优化产品推荐或进行促销活动来提高转化率。用户行为数据能够揭示用户的浏览习惯和偏好，帮助平台进行精准营销，通过定制个性化产品推荐和广告投放，提升用户购买的决策质量。运营人员还需要根据这些数据分析的结果，调整平台的整体运营策略。在大促期间或特定节假日，运营人员根据市场动态和销售预期，提前进行库存调整、营销活动策划和广告投放，从而避免过度库存积压和物流延迟等问题。

第二，电子商务平台的用户体验直接影响用户的留存率和转化率，因此平台运营人员还需通过不断优化平台的用户界面、功能设计和交互体验，来提升平台的便捷性和用户的满意度。用户体验的优化始于了解用户需求与反馈。运营人员通过用户调查、反馈收集、AB 测试等手段，不断调整平台的各项功能和界面设计，确保平台操作的简便性与流畅性。例如，注册、浏览、购买等环节是用户操作的关键节点，运营人员需要确保这些环节尽可能简捷高效，避免复杂的操作流程影响用户体验。页面的加载速度、支付流程的安全性、商品展示的清晰度和用户反馈的及时性等，都是影响用户购买决策的重要因素。

第三，电子商务平台的运营不是单一部门的工作，而是涉及客服、仓储、物流、技术等多个部门的协作。平台运营人员需要担任起各部门之间的协调角色，确保平台在运营过程中的各项资源能够高效整合。例如，若用户在购物过程中遇到问题，客服部门需要及时响应并解决问题。物流部门需要确保商品能够及时配送到客户手中；运营人员需要通过定期的部门协作会议和跨部门工作流程的梳理，保证平台能够顺畅运行并应对各种突发状况。平台运营人员在这个过程中不仅要负责与各部门的协调沟通，还要通过资源整合提升运营效率。例如，在销售高峰期，运营人员可以根据预测的数据提前与物流部门对接，确保足够的库存准备和配送能力；同时，运营人员还需要与技术团队紧密合作，优化平台的性能，避免访问量激增而导致系统崩溃等问题。通过这些跨部门的协同合作，平台运营的整体效率将得到大幅提升。

2. 社交媒体运营人员

社交媒体运营人员负责通过社交平台推动品牌传播、提升用户黏性并促进销售。社交平台已成为电子商务营销的重要渠道，平台如微信、微博、抖音、快手等不仅提供了用户社交互动的场所，更成为品牌推广和产品销售的关键阵地。社交媒体运营人员需要灵活运用社交平台的特点和功能，设计出具有吸引力和互动性的营销策略，从而快速提升品牌曝光度，推动产品销量增长。

第一，社交媒体运营人员需要制定明确的社交媒体营销策略，确定品牌传播目标、目标用户群体以及内容创作方向。社交媒体营销的成功不仅仅依赖于流量的大小，更多的是靠内容的质量和创意。因此，社交媒体运营人员需要进行用户画像分析，精准识别目标用户群体的兴趣和需求，针对性地策划和发布符合目标用户喜好的内容，吸引他们的关注和互动。运营人员需要不断优化社交媒体内容，例如通过节日促销活动、热点话题营销等方式提升用户的参与度，从而扩大品牌的影响力。此外，社交媒体运营人员还需要时刻关注平台上用户的互动反馈，了解用户的关注点和情感诉求，及时调整内容策略，使品牌信息能够在用户心中产生更强的共鸣。

第二，社交平台的一个重要特点是强大的互动性和信息传播的裂变效应，社交媒体运营人员需要充分利用这一特点，通过设计富有趣味性和创意性的互动活动，激发用户参与并产生传播效应。例如，推出优惠券、抽奖活动、团购优惠等手段，吸引用户主动分享活动链接，邀请朋友参与，从而通过社交平台扩展活动的影响范围。通过用户参与的裂变效应，社交媒体运营人员可以实现低成本、高效率的品牌传播和用户获取。例如，在推出新品时，运营人员可以通过社交平台设置互动话题，引导用户发布使用体验，形成内容传播的闭环，进一步提升品牌的影响力和产品的市场知名度。

第三，社交媒体运营人员还需通过社交平台的广告系统进行精准广告投放，进一步提高品牌曝光率和销售额。广告内容不仅需要符合品牌形象，还需要考虑平台用户的兴趣和行为数据，做到精准投放。社交媒体平台通常提供多种广告形式，如信息流广告、视频广告、Banner 广告等，运营人员需要根据平台的广告规则和目标受众的特征，选择最合适的广告形式进行投放。在广告投放后，运营人员还需要进行效果评估，定期跟踪广告的点击率、转化率等指标，并分析广告投放的投资回报率（ROI）。通过对广告投放效果的分析，运营人员能够优化广告策略，调整预算分配，达到最大化广告传播的效果。

3. 内容运营人员

电子商务平台的内容包括商品描述、促销活动信息、用户生成内容

（UGC）、产品评测、使用指南等多种形式，这些内容有助于提高平台的互动性和用户黏性。随着社交电子商务和短视频电子商务的兴起，内容运营人员的工作内容越来越多样化，且其在提升品牌影响力和用户活跃度方面起着关键作用。

第一，内容创作是内容运营人员的核心工作之一。他们需要负责撰写商品评测、使用指南、搭配推荐等内容，帮助用户更好地了解产品，激发用户的购买欲望。同时，内容运营人员需要根据市场需求和用户的兴趣，策划相应的内容策略。例如，针对节假日促销、品牌发布会等活动，内容运营人员可以策划特别的内容主题，通过社交平台和电子商务平台发布，提高品牌的曝光度和用户黏性。此外，内容运营人员还需要定期分析内容的效果，通过数据反馈和用户互动情况，不断优化内容创作的方向和策略，使平台的内容能够更好地满足用户需求并提高销售转化率。

第二，用户生成内容已成为电子商务平台内容运营的一个重要部分。通过鼓励用户发布评论、晒图、分享购物心得等，平台不仅能够提高其他消费者的购买信心，还能够增加平台的互动性和活跃度。内容运营人员通过设立奖励机制、举办有趣的互动活动，激励用户生成优质的内容，并通过这些内容与其他用户建立起更紧密的联系。例如，内容运营人员可以通过社交平台设置话题标签，鼓励用户分享自己的使用心得和生活故事。

第三，内容的传播是内容运营人员的重要任务。内容创作只是第一步，运营人员还需要通过各种渠道和平台进行内容的传播，吸引目标用户的注意。内容运营人员可以通过社交平台、博客、论坛等多渠道发布内容，扩大品牌的曝光度并吸引潜在用户。内容运营人员还需要推动流量转化，即将内容传播带来的流量转化为购买行为。通过与博主合作、与关键意见领袖（KOL）合作等方式，内容运营人员能够进一步扩大品牌影响力，并将流量引导至电商平台，提升产品的销售转化率。

（三）营销类人才

1. 数字营销人员

数字营销人员在现代电子商务营销中占据着至关重要的位置，他们通过数据分析和用户洞察，制定精准的个性化营销策略，以提高用户的参与度和购买转化率。随着大数据和人工智能技术的快速发展，数字营销人员需要更精准地分析和把握用户需求，制定有针对性的广告投放方案，并在多个数字平台上实现高效的营销效果。

数字营销人员的首要任务是通过数据收集和分析来了解消费者的行为模式和需求。通过对消费者的浏览数据、购买历史、社交媒体互动等数据的深入挖掘，数字营销人员能够识别潜在消费者的兴趣偏好，并根据这些数据制定相应的营销策略。大数据技术使营销人员能够实时跟踪消费者的行为变化，从而及时调整营销策略，确保营销活动的有效性。例如，通过社交媒体平台和搜索引擎的用户数据分析，数字营销人员可以了解消费者的搜索习惯，精准推送符合其兴趣的广告和内容，进一步提高广告的点击率和转化率。

人工智能和机器学习技术的应用进一步增强了数字营销的精准度和个性化。人工智能可以通过对用户数据的深度学习，实现智能推荐和精准定向。通过人工智能技术，数字营销人员能够自动化地调整广告投放策略，在适当的时间向正确的用户展示个性化广告，从而最大限度地提高广告的转化率。

此外，数字营销人员还需要不断优化和调整广告内容和形式，通过创意广告、内容营销、搜索引擎优化（SEO）等多种手段，提升电子商务平台的销售业绩。

通过这些精确的市场洞察和策略执行，数字营销人员能够帮助电子商务平台吸引更多的潜在用户，并将流量转化为实际的购买行为，推动销售增长。

2. 直播带货人员

随着社交电子商务和直播电子商务的快速崛起，直播带货已成为电子商务营销的一个重要领域。直播带货人员通过与观众进行实时互动、展示产品并讲解使用方法，极大地提高了产品的销售转化率。直播带货不仅要求良好的表达能力和亲和力，还需要直播带货人员具备高度的市场分析能力，能够根据观众的需求和实时反馈调整推销策略和话术，增强观众的购买欲望。

直播带货的本质是通过互动和娱乐化的手段，结合产品展示，激发用户的购买兴趣。直播带货人员需要通过幽默风趣的语言、真实的产品演示以及详细的使用讲解，增强观众对产品的认同感和购买欲望。这要求直播带货人员不仅仅是一个“话术达人”，还需要具备专业的产品知识，能够准确回答用户提出的各种问题。直播过程中，带货人员的表达能力、亲和力以及与观众的互动都直接影响着观众的购买决策，因此优秀的直播带货人员需要具备良好的沟通技巧和情感共鸣能力，能够根据观众的兴趣和反馈灵活调整推销策略。

直播带货人员不仅要精通直播平台的使用技巧，还需要善于利用平台的互动功能与观众建立紧密联系。例如，使用弹幕互动、评论区互动、抽奖活动等方式增加用户参与感，使观众感到自己是直播的一部分，从而提高用户的黏性和参与度。通过与观众的高频互动，直播带货人员能够快速吸引潜在客户，并有效转化为购买行为。除此之外，直播带货人员还需要根据直播数据反馈进行优化，分析不同产品、时间段和目标观众的销售表现，制定后续的直播策略，确保每场直播都能够达到最优的销售效果。

3. 跨境电子商务营销人员

跨境电子商务营销人员负责分析不同国家和地区的市场需求、消费习惯和文化差异，制定具有针对性的营销策略，以推动国际市场的拓展。随着全球电子商务的快速发展，跨境电子商务已成为企业拓展海外市场的重要途径，而跨境电子商务营销人员在这一过程中发挥着关键作用。跨境电子商务不仅要求营销人员具备扎实的电子商务营销知识，还需要了解目标市场的法律法规、支付方式、物流体系等，确保营销活动能够顺利进行。

跨境电子商务的本质是通过数字平台打破地域限制，将国内的商品销售到国际市场或从全球各地采购商品进入国内市场。因此，跨境电子商务营销人员必须熟悉目标市场的文化和消费特点，根据当地的市场需求制定营销策略。例如，在欧美市场，消费者更倾向于关注商品的质量和售后服务，而在亚洲市场，价格敏感度较高，促销活动和打折信息往往能够推动更多消费者购买。跨境电子商务营销人员需要根据不同市场的文化差异、消费者心理和购买行为制定本地化的营销方案，以最大化满足当地消费者的需求。

跨境电子商务营销人员还需要了解不同国家的法律法规和税收政策，确保营销活动合法合规。例如，欧洲市场对数据隐私和消费者保护有严格的法律规定，跨境电子商务营销人员必须确保营销活动符合《通用数据保护条例》（GDPR）等法规；而在某些发展中国家，支付方式的多样性可能导致支付环节的挑战，因此营销人员需要与支付平台合作，提供当地消费者便捷的支付选择。此外，跨境电子商务营销人员还需协调国际物流，确保商品能够快速、安全地送达消费者手中，并提供有效的售后服务。

本地化营销是跨境电子商务的核心战略之一。跨境电子商务营销人员不仅需要根据目标市场的需求调整产品和价格，还需要根据当地文化的差异来优化广告和推广策略。例如，针对某些市场，营销人员需要将广告内容翻译成当地语言，并根据当地的节假日和文化活动设计促销活动，以提高消费者的参与度和购买转化率。通过这些本地化的营销策略，跨境电子商务营销人员能够有效提高品牌在国际市场上的竞争力，为企业带来更大的市场份额。

（四）管理类人才

1. 供应链管理人员

随着跨境电子商务的迅猛增长，全球化供应链变得越来越复杂，供应链管理人员的角色也因此变得更加重要。供应链管理人员需要在供应商、生产商和分销商之间建立紧密的合作关系，并且协调各方的资源与需求，确保商品能够及时生产和配送。这不仅涉及采购和库存管理，还涉及产品的质量控制、交货期管理和供应链风险管理。

供应链管理的核心任务是优化供应链的每个环节，从采购、生产到仓储、配送，确保每个环节都高效协同，最大化地降低运营成本。例如，在采购环节，供应链管理人员需要评估供应商的能力、生产周期和价格竞争力，确保获得最佳的原材料或产品；在生产环节，管理人员需要与生产商密切合作，确保产品按时生产并达到质量标准。对于电子商务平台而言，及时的商品供应不仅能满足消费者的需求，还能够增加消费者的购买信心，提高客户的满意度。

在全球化的电子商务环境中，供应链管理人员还面临着更加复杂的挑战，如国际贸易规则、关税政策、跨国物流等问题。这些因素会直接影响商品的运输成本、交货时效以及供应链的灵活性。例如，不同国家的进口关税和增值税政策、物流渠道的差异以及国际贸易中不确定性的增加，都会给供应链管理带来困难。为了应对这些挑战，供应链管理人员需要不断优化供应链网络，选择最佳的物流伙伴，并利用先进的技术（如物联网、区块链等）提升供应链的透明度和效率。通过这些措施，供应链管理人员能够帮助电子商务平台降低物流成本，缩短交货时间，提高平台的市场竞争力。

2. 物流管理人员

物流管理人员是电子商务平台顺畅运营的关键。他们的工作主要是优化平台的物流体系，确保商品能够及时、准确、低成本地送达消费者手中。随着跨境电子商务的兴起和消费者对即时配送需求的增加，物流管理人员的工作变得尤为复杂，既需要解决国内市场的物流需求，又需要面对跨境物流带来的挑战。高效的物流管理不仅能提高消费者的满意度，还能帮助电子商务平台节省成本，提高盈利水平。

物流管理的核心任务是规划和优化物流路径，确保商品能够尽可能地快速和低成本地到达消费者手中。物流管理人员需要在制定运输路线时考虑多个因素，如商品的存储、运输方式的选择、运输成本和时间的平衡等。在国内市场中，物流管理人员可以通过与各大快递公司合作，优化配送路径和时效，减少物流成本；在跨境电子商务的环境下，物流管理人员需要选择合适的跨国物流方案，如选择多式联运或专线物流，以确保跨境商品能够按时交付，同时降低运输成本。

随着消费者对物流服务的期望越来越高，物流管理人员还需要关注提高配送的准确性和及时性。例如，建立精准的库存管理系统，能够实时跟踪商品的库存情况，提前规划发货，并减少缺货或延迟发货的情况。此外，随着智能物流技术的发展，物流管理人员还需要借助智能化工具，如无人仓库、自动化分拣系统、实时货物追踪系统等，提升物流效率，减少人工干预，降低运营成本。

跨境电子商务物流更为复杂，涉及不同国家的海关管理、关税政策、清关流程等。因此，物流管理人员需要对国际物流体系有深刻的了解，熟悉目标市场的法律法规，并选择合适的跨境物流供应商。在国际运输中，物流管理人员还需要处理多国的支付结算方式、货币兑换等问题，确保整个物流过程顺畅高效。

3. 客户关系管理人员

客户关系管理人员在电子商务平台中的作用越发重要。他们通过对客户数据的深度分析，了解客户的需求和行为模式，提升客户满意度和忠诚度。随着电子商务市场竞争的加剧，客户已经成为平台最宝贵的资源，因此客户关系管理的质量直接影响到平台的长远发展。

客户关系管理人员的首要任务是通过数据分析工具，评估客户的购买行为、偏好、互动历史等信息，从而制定个性化的客户服务策略。通过对客户的精准分析，客户关系管理人员能够发现哪些客户是潜在的高价值客户、哪些客户可能流失，从而制定相应的维护策略。例如，对于活跃度较高且购买频率较高的客户，客户关系管理人员可以通过会员制度、积分奖励、专属折扣等方式，增强他们的品牌忠诚度；对于有流失风险的客户，客户关系管理人员则可以通过定向的促销活动、个性化推送等方式，促使他们重新活跃。其次，客户关系管理人员还需通过积极的客户沟通，收集客户反馈，改进服务质量，解决客户在购物过程中遇到的问题。定期进行客户满意度调查和问题解决的跟踪，能够帮助平台了解客户的真实需求，并改进平台服务。例如，当用户提出对某一商品或服务的不满时，客户关系管理人员不仅需要及时响应，还要根据用户的反馈调整产品策略或服务流程，从而提升客户的满意度。

对于跨境电子商务而言，客户关系管理的难度更大，因为它需要考虑到不同地区和文化背景下的消费者需求差异。客户关系管理人员需要了解目标市场的消费习惯、文化特点和语言差异，以便为不同国家的客户提供个性化的服务。此外，跨境电子商务平台的客户关系管理还涉及国际物流、退货政策、支付结算等多个环节，客户关系管理人员需要与供应链、物流、支付等团队紧密合作，确保客户在购买过程中的每一个环节都能得到高质量的服务。

第三节 产教融合对电子商务专业教育的影响

一、产教融合对电子商务专业课程体系的影响

（一）课程内容的更新与优化

1. 新兴技术的引入与课程更新

随着大数据技术的应用普及，电子商务行业在精准营销、用户行为预测、供应链管理等方面的需求不断增加。教育机构通过与企业的紧密合作，将大数据分析的核心技术融入课程内容，让学生掌握如何通过数据分析进行市场预测和产品推荐。以电子商务物流课程为例，传统的物流管理课程主要关注商品的配送与存储，而加入大数据技术后，课程内容不仅包括物流管理，还涵盖基于大数据的物流优化、智能仓储系统以及无人配送技术等内容。这样，学生能够了解最新的

技术应用，并学会如何通过数据分析提升物流效率。此外，人工智能和区块链技术在电子商务中的广泛应用，也促使教育课程的不断创新。例如，在电子商务营销课程中，学生将学习如何通过人工智能技术进行精准的用户画像分析、行为预测和个性化推荐，掌握如何运用人工智能工具提升营销效果；区块链技术的引入使电子商务课程能够涵盖去中心化支付系统、智能合约及供应链透明化等先进内容，这些都是当前企业非常重视的技术需求。

2. 课程内容的行业对接

通过产教融合，教育机构能够实时了解企业对电子商务人才的最新需求。企业的需求不仅局限于基础的电子商务操作技能，还包括如何在日新月异的市场中运用技术手段提升运营效率。因此，课程的更新不仅要引入新技术，还要确保其内容紧跟行业发展。例如，电子商务平台运营课程可根据行业需求，增加与平台运营数据分析、用户行为研究、市场需求预测等相关的内容，帮助学生掌握如何利用数据分析工具和技术提升平台运营效率。通过这种课程内容的更新，学生不仅能学习到当前行业的技术应用，还能深入理解行业需求，培养适应市场变化的能力。

3. 灵活应对新兴电子商务业态的变化

产教融合使课程内容更加灵活，能够快速适应新兴电子商务业态的发展。随着社交电子商务、直播电子商务和跨境电子商务等新业态的崛起，教育课程也应顺势而变。例如，电子商务营销课程不仅要讲授传统的线上广告投放和 SEO 技巧，还要加强社交电子商务和直播带货等新兴模式的内容。通过与企业的合作，课程内容可以随时进行更新和调整，确保学生掌握最新的行业动态与应用技术，增强其市场竞争力。

（二）实践课程的强化

1. 将企业的真实需求和项目引入课堂

传统的教学方法主要依赖模拟情境和案例分析，但这类实践内容缺乏行业的实际背景，学生在实际工作中可能无法很好地应对复杂的问题。通过产教融合，企业可以将其真实的业务需求和项目引入课堂，学生不仅能够从理论知识中获得基础教育，还能够在实际项目中锻炼自己解决问题的能力。例如，电子商务平台运营课程可以引入企业实际的运营数据，让学生分析平台的用户行为、运营流程和市场策略，并提出改进方案；在商品管理课程中，学生可以参与企业的商品库存管理、物流跟踪、定价策略等方面的工作，了解行业的具体需求。通过参与企业的实际项目，学生能够更直观地了解行业的运作模式和市场趋势，同时能够在解决实际问题的过程中积累经验，为今后进入职场做好准备。企业的参与不仅帮助学生了解最新的市场变化，还能让学生在真实情境中学到更具应用价值的技能。

2. 校外实习与企业参与课程设计

校外实习是加强实践课程的重要方式，能够帮助学生将理论知识与实际工作结合起来。通过与企业的合作，学校可以为学生提供更多的实习机会，帮助学生深入了解行业的最新发展和技术应用，提前适应职场环境。例如，电子商务平台运营课程可以安排学生到企业中进行实习，学生在实际工作中能够亲自操作电子商务平台，学习如何进行数据分析、运营决策和市场营销等。企业的参与还可以在课程设计阶段发挥重要作用。企业可以根据行业需求和市场变化，提供课程内容设计的建议和指导，确保课程内容更加贴合市场需求。例如，企业可以提供最新的技术培训，指导学校在课程设计中加入新的内容和工具，从而使学生在学习过程中获得更贴近实际工作的知识和技能。

3. 学生职场能力的提升

通过产教融合加强实践课程，学生不仅能够获得专业技能，还能够通过与企业的合作，提升职场适应能力。在项目中，学生需要与团队成员合作，处理项目中的实际问题，培养良好的沟通能力和团队合作精神。这些能力不仅能帮助学生更好地应对工作中的挑战，还能提升其就业竞争力。

（三）跨学科课程的设置

1. 电子商务与计算机科学的融合

电子商务与计算机科学的融合，促使电子商务课程内容不仅局限于平台运营、营销和交易处理，还涉及数据分析、人工智能、大数据等技术的应用。通过跨学科的课程设置，学生能够掌握计算机编程、数据分析、系统设计等技术，并能够在电子商务平台的开发和运营过程中，灵活运用这些技能。例如，计算机科学课程可以与电子商务课程结合，教授学生如何开发电子商务平台、如何利用大数据技术进行精准营销，帮助学生更好地理解技术在电子商务领域中的应用。

2. 电子商务与市场营销的融合

电子商务与市场营销的融合帮助学生更好地理解消费者行为、营销策略和品牌推广等内容。在传统的电子商务教育中，营销课程主要关注线上广告、SEO优化等内容，而跨学科的融合让学生能够更全面地了解市场营销的最新趋势。例如，在电子商务课程中，学生将学习如何通过社交电子商务、直播带货等新兴营销模式来提升销售；在市场营销课程中，学生可以学习如何进行市场调研、消费者分析以及品牌定位等核心内容，通过这些交叉学科的知识，培养学生的综合营销能力。

3. 电子商务与物流管理的融合

电子商务的顺畅运作离不开高效的物流支持，跨学科的融合使电子商务专业能够与物流管理学科紧密结合，为学生提供更具实践价值的物流解决方案。例如，在物流管理课程中，学生将学习如何使用大数据技术进行库存管理、如何通过智能配送系统提升物流效率等，帮助学生理解物流在电子商务中的重要性。通过这样的跨学科课程设置，学生将不仅了解电子商务平台的运营流程，还能够掌握优化物流体系的相关知识，从而提升其职业能力和市场竞争力。

二、产教融合对电子商务专业教学模式的影响

（一）项目驱动教学

1. 与企业合作，引入企业真实项目

传统的教学模式往往局限于课堂上的理论传授，学生在解决实际问题时缺乏足够的实践经验，导致毕业后进入职场时面临较大的适应困难。而项目驱动教学通过与企业合作，引入企业的实际项目，提供学生解决真实商业问题的机会。这种教学模式能够帮助学生更早地接触到行业中的复杂问题，提高他们的实战经验和应变能力。例如，在电子商务专业的课程中，学生可以参与电子商务平台的产品推广、网站优化、消费者行为分析等实际项目。通过这些项目，学生可以运用所学的电子商务营销、数据分析、用户行为预测等知识，解决企业在运营中的具体问题。

2. 提升学生的创新能力与职业能力

项目驱动教学不仅仅是帮助学生积累实践经验，更重要的是激发学生的创新

能力。通过参与企业的实际项目，学生需要面对复杂的现实问题，要求他们运用创造性思维、跨学科的知识来寻找解决方案。这种情境化的学习方式不仅锻炼了学生的独立思考能力，还培养了他们的团队合作精神和领导能力。在项目实践过程中，学生通常需要在团队中扮演不同的角色，进行任务分配和资源调配，从而提升其团队合作与沟通能力。此外，项目驱动教学强调解决实际问题的能力，这对于学生未来的就业至关重要。学生通过亲身参与企业项目的实践，能够深刻理解行业实际需求，掌握行业前沿技术，提升自己的就业竞争力。在与企业的合作中，学生不仅积累了宝贵的职场经验，还能够建立起人脉资源，增强进入职场后的适应性。

3. 项目驱动教学的实施与挑战

虽然项目驱动教学具有很多优点，但其实施也面临一定的挑战。首先，企业资源的获取是实施项目驱动教学的前提。企业是否愿意将真实项目引入课堂、企业是否愿意为学生提供实践机会等因素，直接影响教学质量。其次，如何设计符合教学目标的项目内容，使项目既能够激发学生的兴趣，又能够与课程目标紧密对接，是课程设计中的一个重要问题。最后，项目驱动教学需要学校与企业深度合作，建立长效的合作机制，这对于产教融合的深入推进至关重要。

（二）“双师型”教师队伍的建设

1. 企业专家的参与

企业专家在“双师型”教学中扮演着至关重要的角色。他们能够将企业中的前沿技术和实践经验带入课堂，帮助学生理解行业的最新动态、技术发展和市场需求。例如，在电子商务营销课程中，企业专家可以为学生分享如何利用社交电子商务、直播带货等新兴渠道提升产品销售，如何分析用户行为、精准制定营销策略等。通过企业专家的参与，学生不仅能够接触到最新的行业技术，还能够通过企业实际案例，理解理论在实际操作中的应用。企业专家作为兼职教师，能够为学生提供职业发展的建议，帮助学生了解行业职业发展路径，并对学生的职业素养进行培养。通过与企业专家的互动，学生能够提前接触到行业的前沿知识和职业要求，从而增强其就业竞争力。

2. 高校教师的作用与挑战

高校教师作为“双师型”教学体系中的另一个重要组成部分，他们需要在教学中发挥理论传授和知识引导的作用。高校教师不仅需要设计和传授系统的电子商务理论，还要根据企业专家的建议和行业需求，及时调整教学内容。例如，在电子商务平台运营课程中，高校教师可以结合企业专家的实践经验，教授学生如何利用数据分析提升运营效率、如何制定合理的定价策略等。然而，高校教师的“双师型”发展也面临一些挑战。首先，教师需要不断提升自己的实践能力，与行业保持紧密的联系，更新教学内容。其次，教师还需要具备跨学科的知识和跨领域的沟通能力，以便更好地与企业专家合作，提升课堂的实际指导性。

3.“双师型”教师队伍的未来发展

随着产教融合的深入，“双师型”教师队伍将成为电子商务教育的重要组成部分。未来，学校应进一步加强与企业的合作，建立稳定的“双师型”教师队伍，同时鼓励企业专家参与教学过程，为学生提供更多实践机会。此外，学校也应加大对高校教师实践能力的培养，通过组织企业实习、行业研讨等方式，提升教师的行业敏感度和教学水平。“双师型”教师队伍的建设不仅能够提高教学质量，也能为学生提供更丰富的职业发展支持。

（三）线上线下混合教学

1. 线上教学的优势

线上教学为学生提供了灵活的学习方式，突破了传统课堂时间和空间的界限。通过线上平台，学生可以在任何时间和地点进行学习，极大地方便了学生的自主学习。线上学习为学生提供了丰富的学习资源，例如教学视频、电子书、在线测验等，学生可以根据自己的进度进行学习，同时还能够与教师和同学进行线上互动，解决学习中的疑问。此外，线上教学通过信息技术手段，如数据分析、实时反馈等，能够帮助学生及时掌握学习进度，提供个性化的学习建议。在电子商务专业的课程中，线上教学平台可以根据学生的学习情况，提供定制化的学习路径和教学资源，帮助学生提高学习效率。

2. 线下教学的深度互动与实践

尽管线上教学具有灵活性和高效性，线下教学仍然在很多方面具有独特优势。在线下课堂中，学生可以与教师面对面进行互动，教师可以及时回答学生的疑问并进行深入的案例分析和讨论。线下教学提供了更多的实践机会，例如，学生可以通过角色扮演、案例分析和小组讨论等方式，提高其团队合作和沟通能力。此外，线下教学也是解决复杂问题和技能实践的场所。在电子商务专业的课程中，线下课堂往往侧重于产品设计、用户体验分析、商业模式创新等复杂问题的讨论和研究，帮助学生在实际操作中更好地理解和应用所学的理论。

3. 线上线下混合教学模式的优势

线上线下混合教学模式结合了线上和线下教学的优点，为学生提供了更加多样化的学习方式。线上学习提供了灵活的学习环境和丰富的学习资源，而线下课堂则加强了学习的互动性和实践性。通过这种混合模式，学生不仅能够自学基础理论，还能够通过课堂互动和实践操作进一步巩固知识，提高综合能力。在电子商务专业的教学中，线上线下混合教学使学生能够在课外通过线上平台进行自主学习，在课堂上则能够通过与教师和同学的讨论深化对知识的理解。线上线下结合的教学方式，能够有效提升学生的自主学习能力、创新能力和解决实际问题的能力。

三、产教融合对电子商务专业人才培养质量的影响

（一）提升学生的实践能力

1. 校企合作，增强实际操作能力

学生通过与企业的紧密合作，有机会直接了解行业的最新技术、市场需求，参与实际操作。这一过程不仅使学生能够看到理论知识的实际应用，还帮助学生理解行业发展的前沿动向。在电子商务平台运营课程中，学生不仅学习理论上的运营知识，还能够直接参与企业的实际运营，如用户行为分析、市场推广活动、商品数据分析等。这些实际操作让学生能够在实践中巩固和检验自己所学的知识，同时也能发现理论与实践之间的差距并进行反思和改进。例如，通过与一家知名电子商务平台的合作，学生可以参与商品推荐算法的优化，在导师的指导下，使用现实数据进行分析，并且制定相关的广告投放策略。这些实践经历使学生不仅掌握了跨境电子商务、平台数据分析、用户行为学等方面的一系列关键技能，还能够在解决实际问题的过程中提升团队协作、时间管理、沟通协调等职场必备素质。

2. 职场适应能力的提升

在企业的真实项目中，学生不仅是接受任务的执行者，还需要主动承担项目

中的各项责任，设计解决方案并提出创意，实践的经验无疑是学生进入职场时的宝贵财富。通过与企业的深度合作，学生能够接触行业中实际存在的复杂问题，学习如何应对和解决这些问题。这种“做中学”的方式使学生能够在校期间获得与职业环境高度接轨的经验，为日后的职业生涯打下坚实的基础。通过这种模式，学生的思维方式和工作习惯得到磨砺，学会了如何处理紧急任务，如何与不同背景的团队成员合作，如何在快速变化的工作环境中保持灵活应变。与传统教育模式相比，项目驱动的教学方式更好地帮助学生做好进入职场的准备，提升学生的职场适应能力。

（二）增强学生的就业竞争力

1. 紧跟行业需求，培养符合市场标准的专业人才

电子商务行业的快速变化要求学生必须具备跨学科的知识和技能。在这一过程中，学校通过与企业的合作，能够及时了解行业需求的变化，并将其纳入课程设计中。例如，电子商务平台的运营管理、跨境电子商务的操作流程、社交电子商务与数据分析技术等内容成为电子商务专业课程的核心部分。产教融合为学生提供了丰富的学习内容和实践机会，使学生能够掌握最新的电商技术，提前了解行业的实际需求。

2. 提供职业规划和就业指导

企业通过产教融合，能够为学生提供具体的职业规划和就业指导，增强学生的就业竞争力。在校企合作的过程中，企业的专家能够为学生提供职业发展的建议和实用的指导，使学生更好地理解行业需求和职业路径。例如，企业专家可以为学生提供个性化的职业建议，帮助学生明确未来的职业方向，从而有针对性地调整自己的学习和实践计划。此外，企业还能够提供直接的就业机会和实习岗位，帮助学生建立起职场人脉。在现代职业市场中，很多岗位的招聘不仅依赖于学历和能力，更多的是依赖于员工的社会关系和企业资源。

3. 企业参与促进校企合作的长远发展

企业的参与不仅提高了学生的就业竞争力，也使校企合作更加深远。通过长期合作，学校能够更好地把握行业发展趋势，为学生提供更符合企业需求的教育内容和实践机会。同时，企业通过与学校的合作，不仅培养了更多符合其要求的人才，还能获得学校的科研支持，推动自身的技术创新和发展。通过这种双向的

合作，校企合作不仅为学生提供了就业机会，也促进了企业的长远发展。

（三）培养学生的创新精神

1. 企业创新项目促进创新思维的培养

学生通过参与企业的创新项目，能够接触前沿的技术和商业模式，理解创新在实际中的应用。例如，在参与产品开发、市场调研、用户体验优化等创新项目时，学生能够从企业内部获得实际的数据、技术支持和市场反馈，这些经验帮助学生更好地理解如何通过创新应对行业中的挑战。企业往往面临着日益激烈的市场竞争，通过创新解决问题成为企业成功的关键。学生通过参与这些创新项目，学习如何分析市场动态，提出创新解决方案，从而培养强烈的创新意识。

2. 实践中培养创新能力

创新不仅仅体现在理论上的构思，更重要的是能够在实践中落实和执行。产教融合通过提供大量的实践机会，使学生能够在面对实际问题时，提出创新的思路和方案。在与企业的合作中，学生往往需要在规定的时间内解决复杂的市场问题，设计符合客户需求的方案。这样的项目实践能够提高学生的创新能力和解决问题的能力，同时增强他们的独立思考和批判性思维。例如，在与电子商务企业合作时，学生可能需要为一个电子商务平台设计一套新的营销策略或优化现有的运营流程。通过对现有问题的分析、方案的设计和实施，学生在实践中能够学习如何从多维度考虑问题，并通过创新的思路来提升产品的竞争力。

3. 创新思维为职业生涯奠定基础

产教融合为学生提供了大量的创新机会，学生通过参与企业创新项目，在解决实际问题的过程中提升了自己的创新思维。创新能力在电子商务行业中是最重要的竞争力之一。企业不仅需要能够执行现有任务的员工，还需要那些能够思考、创新、推动企业前进的人才。通过产教融合，学生能够于在校期间培养出较强的创新思维，并将这种思维带入未来的工作中，为职业生涯打下坚实的基础。

第二章　电子商务专业学生就业竞争力的构成要素

第一节　专业知识与技能的掌握

一、电子商务核心知识体系

（一）电子商务基础理论

电子商务的基础理论为学生理解电子商务行业的运作和构建实际应用提供了框架。

第一，电子商务的核心概念包括网络交易、在线支付、数字营销等内容，而这些概念构成了现代电子商务平台运作的基本元素。网络交易是指在互联网上进行的所有形式的商业活动，包括从简单的商品购买到复杂的供应链管理；在线支付是消费者完成购买后进行交易结算的过程，涉及支付系统、电子钱包、银行网关等技术支持；数字营销是通过互联网渠道来推广产品和服务，包括搜索引擎营销（SEM）、搜索引擎优化（SEO）、社交媒体营销等。

第二，在了解基本概念的基础上，学生还需掌握电子商务的主要商业模式，尤其是B2B（企业对企业）、B2C（企业对消费者）、C2C（消费者对消费者）三种核心模式。每种模式都有其独特的商业逻辑和价值主张。例如，B2B模式通常服务于大宗商品的交易与供应链管理，专注于降低交易成本、提高效率；B2C模式主要面向个人消费者，强调整个购物体验的优化、商品定价、客户关系管理等；C2C通过平台连接消费者和消费者，强调市场灵活性和交易便利性。

第三，电子商务的法律法规构成基础理论的重要组成部分。随着跨境电子商务的兴起，学生需要了解跨国法律框架、税务政策、消费者权益保护等内容。如何保护消费者的支付安全、如何处理支付过程中的数据隐私问题是电子商务运营中的关键。在这一点上，学生应学会如何利用加密技术、SSL 协议等方法保障交易的安全性，并确保用户隐私不被泄露。这些法律和技术保障为电子商务行业的健康和稳定发展提供了基础。

（二）网络技术与应用

电子商务的运作离不开信息技术的支持，尤其是互联网技术、数据库管理技术以及网络安全技术的广泛应用。电子商务专业的学生须掌握一定的网络技术和基础设施管理能力，才能够顺利进入行业并理解其操作的技术层面。

第一，学生需要掌握网站开发和数据库管理的技术。电子商务平台通常需要由多个技术模块构成，包括前端设计、后端开发以及数据库的管理和维护。前端设计通常使用 HTML、CSS、JavaScript 等语言来构建用户界面，并确保良好的用户体验，而后端开发则涉及如何使用 PHP、Python、Node.js 等编程语言处理用户请求、管理数据库、实现交易结算等。学生应通过具体的项目实践掌握这些技术，能够独立设计和实现一个简单的电子商务网站。

第二，数据库管理系统（DBMS）的学习是电子商务专业学生必须掌握的基础内容。电子商务平台的数据存储、商品管理、用户数据的处理等都依赖于数据库系统。学生需要了解 SQL 语言，并学会如何设计高效的数据库结构，确保数据的完整性和安全性。随着平台的扩展、数据量的增加，如何进行数据分片、索引优化以及负载均衡等，都是学生需要掌握的技术内容。

第三，网络安全技术是保障电子商务平台正常运作的重要基础。随着网络攻击手段的不断升级，学生需要学习如何在电子商务平台中实施多层次的安全保护措施，包括数据加密技术、防火墙技术、身份认证等。SSL/TLS 协议、HTTPS 协议等技术的运用，可以确保电子商务平台与用户之间的交易数据的安全性，而防止 SQL 注入、XSS 攻击等网络攻击方法则是防范电子商务平台漏洞的基本手段。此外，学生还应了解如何利用云服务架构和分布式技术，确保平台在高并发情况下的稳定性和安全性。

第四，随着云计算、大数据、人工智能等新兴技术的快速发展，学生应当了解这些技术如何在电子商务平台中得到应用。云计算技术不仅帮助电子商务平台降低信息技术基础设施成本，还能够提供平台快速扩展的能力；大数据技术能够帮助平台从大量的数据中提取出有价值的信息，进行用户行为分析和精准推荐；人工智能通过智能客服、个性化推荐、预测分析等手段提升用户体验并优化运营效率。

（三）市场营销与消费者行为分析

电子商务的核心是满足消费者需求，了解和预测消费者的行为变化是电子商务平台成功的关键。学生在电子商务专业的学习中，必须掌握市场营销的基本理论和方法，尤其是 4P 营销策略（产品 Product、价格 Price、渠道 Place、促销 Promotion）。4P 策略作为传统市场营销学的基石，在电子商务中同样适用，通过精确的产品设计、合理的定价策略、优化的渠道选择和有效的促销手段，可以有效提升电子商务平台的市场竞争力。

市场调研是营销策略制定的基础，学生需要学会如何通过调研数据了解消费者的需求和市场的变化。通过分析不同消费者群体的行为特征，进行市场细分和定位，能够为不同的市场制定个性化的营销策略。例如，通过分析消费者的购买历史、浏览行为、社交互动等数据，了解其偏好并进行产品推荐，进而提升转化率。利用这些数据，还可以帮助电子商务平台制定个性化的促销活动，以最大化销售。

消费者行为分析不仅仅是了解消费者的购买习惯，还包括对消费者决策过程的深度剖析。消费者的购买决策不仅受价格、品质等因素的影响，还与心理、社会文化等因素密切相关。学生需要学习如何运用心理学、行为学等学科的知识，分析消费者在购买决策过程中的心理活动，从而制定更具针对性和效果的营销策略。例如，如何利用消费者的从众心理进行社交化营销，如何通过促销活动激发消费者的购买欲望等。通过深入分析消费者的行为，不仅能够优化营销策略，还能为平台提供更加精准的客户服务。

通过学习市场营销与消费者行为分析，学生不仅能够了解电子商务平台如何通过精准的营销方法提升流量、转化率和顾客忠诚度，还能够为企业的品牌建设、产品推广、市场拓展等方面提供有力的支持。随着社交电子商务、直播电子商务等新兴模式的兴起，学生还需学会如何运用创新的营销手段，快速响应市场变化，并有效吸引和维护客户。

二、专业技能与行业标准对接

（一）数据分析与挖掘能力

数据分析与挖掘能力是现代电子商务中至关重要的技能，尤其是在大数据时代，数据已经成为推动企业决策和优化运营的核心资产。电子商务平台通过不断积累用户数据、交易数据和行为数据，能够挖掘出潜在的商业价值和优化空间。因此，电子商务专业的学生必须具备扎实的数据分析能力和相关技术，才能有效地从大量的数据中提取出有价值的商业信息。

在学习数据分析的过程中，学生需要掌握各种分析工具和方法。常见的工具包括 Excel、SPSS、Python 等，学生使用这些工具，能够对大量的用户行为数据进行清洗、分析和挖掘。例如，学生需要学会如何运用 Excel 进行数据统计和可视化分析，使用 SPSS 进行统计测试和回归分析，使用 Python 进行更为复杂的数据处理和建模分析。

在实际工作中，需要通过数据挖掘分析用户的购买偏好、浏览习惯、反馈意见等，从而为平台的营销活动提供精准的指导。例如，可以通过对平台销售数据的分析，识别出哪些产品销售最好，哪些促销活动效果显著，哪些用户群体最具潜力。进一步来说，学生还需要学会如何对销售预测进行建模，通过历史数据推测未来的市场趋势，从而帮助电子商务平台制定更有效的营销策略。

学生还要学会如何处理非结构化数据，如社交媒体上的用户评论、视频内容、图片等，运用自然语言处理（NLP）技术对这些数据进行分析，为产品优化和用户体验改进提供依据。数据分析不仅帮助电子商务平台优化产品和营销策略，还能够支持决策过程中的精确度和实时性，为企业的发展提供强有力的支持。

（二）电子商务平台运营与推广能力

电子商务平台的成功运作依赖于多方面的因素，包括商品管理、订单处理、客户服务和物流管理等。因此，学生必须全面掌握平台的运营管理技巧，并能够根据不同的电子商务平台特性，制定适合的运营策略和推广方法。电子商务平台运营不仅仅是管理和维护平台的运作，更多的是通过优化运营流程、提升用户体验来提高平台的流量和转化率。

第一，学生需要了解电子商务平台的基本运作模式和管理流程，包括商品上架、库存管理、订单处理、客户服务等内容。学生应该熟悉如何创建和管理一个电子商务平台的商品页面，确保商品信息准确、清晰，并且易于用户浏览；掌握如何利用电子商务平台的管理后台进行库存管理，及时调整商品库存，避免缺货或滞销；学习如何处理订单，确保订单流程高效顺畅，及时安排发货，并处理退换货等问题。

第二，在平台推广方面，学生需要掌握多种营销方法和工具。SEO 和 SEM 是提升电子商务平台曝光率的重要手段。通过 SEO，能够帮助平台在搜索引擎中获得更高的排名，吸引更多流量；而通过 SEM，能够设计和投放精准的广告，提高广告点击率和转化率。社交媒体营销也是电子商务平台推广的重要手段，学生需要了解如何通过微博、微信、抖音等社交平台进行品牌宣传和促销活动，增强用户的参与感和忠诚度。

第三，学生需要通过模拟平台运营和推广，掌握电子商务平台的实际操作技巧。通过案例分析和实际演练，学生能够学会如何设置合适的营销策略，提升平台的转化率；并能够通过分析平台的流量、转化率、用户留存等数据，制定相应的优化方案，确保平台始终保持竞争力。

（三）数字营销与内容创作能力

随着社交电子商务和直播电子商务的崛起，数字营销和内容创作能力变得越来越重要。电子商务平台除了传统的搜索引擎营销和广告投放外，社交媒体和内容创作已成为吸引用户和提升销售的核心手段。数字营销不仅依赖于各种数字渠道的运用，还包括通过创新内容的制作来吸引用户，并促使其进行购买决策。

第一，学生需要掌握社交平台（如微博、微信、抖音等）的营销技巧，并能够通过内容创作吸引和留住用户。例如，学生需要学习如何制作短视频，设计吸引观众的直播内容，编写具有吸引力的文案，创造有趣的互动活动等。通过这些创意手段，能够帮助品牌在社交平台上提升曝光率，并推动用户转化。

第二，内容创作不仅是制作视频和文案，还需要结合平台的特点进行营销。例如，通过抖音等短视频平台，学生可以学会如何运用创意视频吸引观众，通过直播与观众实时互动，提升用户黏性。学生还需要学会如何在社交平台上策划有奖互动、投票、问答等活动，增强用户参与感和品牌忠诚度。

第三，学生需要学会如何通过数据分析和反馈机制，优化内容创作和营销策略。通过对平台数据的分析，可以了解哪种内容最受欢迎、哪种活动最能吸引用户参与，从而调整和优化后续的营销策略。例如，学生可以学会如何根据用户的点击率、评论量、分享量等数据调整内容的发布策略，确保每一项营销活动都能够达到最佳效果。

第二节　创新能力与解决实际问题能力的提高

一、创新能力的培养

（一）跨学科知识的学习

电子商务作为一门交叉学科，涉及广泛的领域，涵盖经济学、管理学、计算机科学、市场营销等多个学科。对于学生而言，学习这些学科的知识不仅能够帮助他们从不同的角度理解电子商务的核心问题，还能够激发他们从多维度思考问题的能力，提升其创新性。跨学科的知识学习为创新能力的培养提供了坚实的理论基础和丰富的视角。

第一，经济学知识可以帮助学生了解市场机制、需求与供给的关系、价格理论等，从而为电子商务平台的定价策略、市场进入策略等决策提供支持。通过对消费者行为、市场需求分析的理解，能够更精准地把握商业模式的设计方向。例如，掌握市场调研方法后，可以通过调查数据分析来制定产品和服务的战略定位，进而提升平台的市场竞争力。

第二，管理学的知识尤其是战略管理和运营管理，为电子商务专业的学生提供了企业运作的全局视角。通过学习如何分析企业的内部资源、外部环境以及行业竞争态势，能够更好地制定可行的市场营销策略和产品规划方案。管理学中的供应链管理、客户关系管理等课程帮助学生理解如何优化业务流程，提高效率，减少成本，从而提升电子商务平台的盈利能力。

第三，在学习计算机科学方面，学生不仅要掌握基本的编程技术，还要深入了解数据库管理、信息安全、网站设计等技术。这些技术知识在电子商务领域的应用非常重要，在电子商务平台的搭建、用户数据的分析以及平台功能的优化中发挥重要作用。此外，市场营销的知识帮助学生分析消费者需求，理解产品定价、促销策略和渠道选择等关键因素。通过跨学科知识的学习，学生能够更全面地理解电子商务的运作机制，提出创新的解决方案，并能够在不断变化的市场环境中灵活应对。

（二）行业前沿技术的关注

随着科技的不断发展，电子商务行业的技术更新换代十分迅速。当前，区块链、人工智能、大数据等前沿技术正快速改变电子商务行业的格局。学生要想培养创新能力，就必须时刻关注并了解这些技术的应用前景和潜力，从而提出更具前瞻性和创新性的解决方案。

区块链技术是近年来引起广泛关注的前沿技术，其通过去中心化的账本系统，提高了交易的透明度和安全性。在电子商务领域，区块链可以应用于供应链管理、支付系统和数字货币交易中。通过去中心化的账本，交易信息可以实时记录且不可篡改，减少了中介环节，降低了交易成本，同时提高了交易的安全性。对于学生而言，了解区块链的基本原理和应用场景，不仅能够帮助学生理解数字资产的管理，还能为学生未来在电子商务行业的创新提供技术支持。例如，学生可以通过区块链技术设计一个新的支付系统，帮助消费者在全球范围内更快捷、更安全地进行交易。

人工智能是推动电子商务发展的一项重要技术。通过深度学习和运用自然语言处理技术，人工智能可以对海量用户数据进行深度挖掘，提供个性化的产品推荐，优化用户的购物体验。学生需要学习如何应用人工智能技术，构建智能客服系统、个性化推荐算法等，提升电子商务平台的运营效率和用户黏性。例如，通过应用人工智能分析消费者的浏览历史、购买行为和偏好，能够设计出更加精准的推荐系统，极大地提高用户转化率。

虚拟现实（VR）和增强现实（AR）技术的出现，为电子商务提供了全新的体验方式。通过 VR 技术，消费者可以在虚拟环境中模拟试穿衣服、试用化妆品或体验家居布置，而 AR 技术则能够通过手机等设备实现实时的虚拟展示。这些技术的应用，能够为电子商务平台创造更多沉浸式的购物体验。VR/AR 技术不仅提升了用户体验，还能为电子商务平台带来全新的商业模式，特别是在时尚、家居、汽车等行业。

了解和掌握这些前沿技术，能够帮助学生在电子商务行业中提出创新性的解决方案，推动电子商务平台从传统的交易模式向更智能、更个性化的方向发展。这种对技术创新的关注，激发了学生不断探索和学习新兴技术的动力，为学生未来在电子商务行业中的创新实践提供了有力的技术支持。

（三）实践与反思的结合

创新能力的培养不仅依赖于理论知识的支持，还需要通过实践不断验证和优化。创新并不是空想，而是一个不断试验、测试和反思的过程。在这一过程中，学生不仅要在理论框架下进行构思，还要在实际的工作环境中应用这些构思，并根据反馈调整和完善自己的想法。通过参与创新创业项目、企业合作项目、实习等实践活动，学生能够将所学的理论知识应用到实际工作中，面临真实的商业挑战。比如，学生可以在实际的电子商务项目中，参与从产品设计、市场调研、推广策略到销售数据分析的全过程，通过亲身实践理解如何将创新的理论和技术应用到实际中。

实践中的反思至关重要。通过总结经验教训，学生能够对自己的创新过程进行批判性分析，找到不足，并在下一次实践中加以改进。例如，在进行市场调研时，学生可能会发现某些假设并不成立或者某种策略未能取得预期效果，这时反思就显得尤为重要。通过反思，学生能够不断优化自己的方法，提升创新的效果和效率。反思的过程不仅帮助学生调整和完善自己的创意，还能够帮助他们更好地理解理论知识的实际应用。通过不断地实践和反思，学生能够逐步形成自己的创新方式，并在以后的职业生涯中不断应用和创新，为行业发展提供有力支持。

二、项目管理与团队协作能力

（一）项目管理的基本方法

1. 项目规划

项目规划是项目管理的起点，也是项目能否顺利进行的基础。在电子商务项目中，规划阶段至关重要，学生需要对项目的目标、范围、时间表以及资源分配进行全面的规划。规划阶段的内容包括明确项目的目标与需求，确保每一位团队成员理解项目的最终目标以及各自的角色和职责。例如，在开发一个电子商务平台时，需要进行详细的需求分析，明确平台需要具备哪些功能，如用户注册、支付、商品展示、订单管理等。

项目规划包括确定时间表和资源分配。应根据项目的复杂度和工作量，制定详细的项目进度安排，确保每个任务有明确的时间节点，并合理安排资源以满足项目需求。在制定时间表时，需要充分考虑项目的规模，合理分配任务和人员，确保每项任务能够按时完成，同时避免过度安排导致的资源浪费。

项目规划需要涵盖风险评估部分。通过对项目中可能出现的各种问题（如技术难度、市场变化、人员调配等）的预判，可以在项目启动前制定相应的应急预案，为后续的项目推进打下坚实的基础。

2. 进度控制

进度控制是项目管理的关键环节，尤其是在电子商务项目中，及时监控项目进度并作出调整对于保证项目按时完成至关重要。学生需要学会使用工具如甘特图、项目管理软件（如 Jira、Trello 等）来跟踪任务进度和资源使用情况，定期检查每个环节的进展，确保各项任务在计划时间内顺利完成。

通过使用甘特图，可以直观地查看项目的进度，确保每个任务的起止时间、所需资源等与整体进度保持一致。如果某项任务的进度落后，需要能够迅速识别出瓶颈并进行调整。例如，在开发平台时，若后台开发进度延迟，应评估是否需要调配更多的开发人员或调整工作优先级，从而保障整体项目进度不受影响。

进度控制要求学生具备风险预判能力。在项目推进过程中，可能会遇到技术难题、人员流动等问题，需要通过定期的进度检查和评审，及时发现潜在的进度延误因素，并采取相应的解决措施。例如，某个功能开发需要更多时间，可以提前与相关部门沟通，调整计划或者采取其他措施确保项目能够按时交付。

3. 风险管理

电子商务项目往往面临多重风险，如技术风险、市场风险、运营风险等各方面的问题都可能影响项目的顺利进行。学生需要学会识别和管理这些风险，并制定有效的应对策略。首先，需要在项目规划阶段进行风险评估，识别出潜在的风险因素，并对每一种风险进行评估，分析其可能性和影响程度。

在技术风险方面，需要确保项目的技术方案在实施过程中可行性高、稳定性强。例如，平台的支付功能或数据安全可能面临技术难题，可以通过代码审查和提前的系统测试来降低技术风险。在市场风险方面，需要关注市场需求变化和消费者行为的转变，进行必要的市场调研和用户反馈收集，以避免产品设计和功能开发出现偏差。在运营风险方面，可以通过监控平台的运行数据，如订单量、用户反馈等，实时发现平台运营中的问题，并调整运营策略。

风险管理不仅仅是预防和应对，还需要将风险最小化。通过风险转移、分担等方式，能够制定合理的风险控制策略，如通过保险、外包等手段减少企业的风险敞口，确保项目的顺利进行。

（二）团队协作的重要性与提升方法

1. 团队协作的重要性

电子商务项目通常涉及不同的职能部门合作，团队协作的好坏直接影响项目的进度和质量。在项目中，技术团队负责系统的开发，产品团队负责用户体验的设计，市场团队负责用户推广和品牌建设，运营团队则负责平台的日常管理和优化。如果各个团队之间的协作不顺畅，可能导致信息流转不及时，工作内容重复或遗漏，从而影响项目进度和最终质量。因此，团队成员需要具备良好的沟通能力，确保信息的及时传递和任务的有效分配。学生通过在团队中担任不同角色，学会如何高效沟通、协调资源，并处理团队中的冲突，以确保项目能够在各个部门间协调一致地推进。此外，团队成员之间的相互支持和信任是团队成功的重要保障。学生需要理解团队协作的价值，在项目中充分发挥自己的优势，帮助他人弥补不足，从而共同完成项目目标。

2. 团队协作的提升方法

团队协作的提升需要在团队内部建立明确的分工与责任。在项目启动时，需要明确每个团队成员的角色和任务分配，确保每个人清楚自己的职责，并能够在规定时间内完成自己的任务。例如，在电子商务平台的开发中，产品经理负责功能需求的分析，技术开发人员负责平台的编程实现，市场人员负责用户推广和市场调研，运营人员则负责平台的日常管理和优化。明确分工可以避免重复劳动和责任不清，从而提高工作效率。

团队内部的有效沟通机制是确保协作顺利的关键。可以通过定期召开会议、使用即时通信工具（如 Slack、微信、钉钉等）保持团队成员之间的信息畅通。在项目执行过程中，定期的项目进度汇报、问题讨论会、头脑风暴等活动可以帮助团队及时发现问题并加以解决，确保项目的顺利推进。

培养团队精神是提升团队协作效率的一个重要方法。团队建设活动、激励机制等方式，可增强团队成员之间的凝聚力和合作意愿。例如，定期的团队活动能够增强团队成员之间的沟通与信任；奖励和激励机制能够调动团队成员的积极性，使其全力以赴地为项目的成功贡献自己的力量。

三、问题分析与解决能力

（一）问题分析的基本方法

1. 问题定义与分解

问题定义是问题分析的起点，必须清晰地识别出问题的具体表现及其对业务的影响。例如，在电子商务平台流量下降的情况下，需要明确流量下降的具体表现形式，弄清楚是总体流量下降，还是某些特定渠道、某些特定用户群体的流量下降。应通过仔细分析平台的各个维度，定义问题的范围和影响程度。

问题分解是为了将复杂的整体问题拆解成多个子问题，便于逐一解决。流量下降问题可以从流量来源、用户行为、技术性能等多个方面进行分解。通过数据分析工具，能够分别研究每个部分，发现潜在的瓶颈。例如，流量下降可能与以下因素有关：广告投放的效果、SEO 优化是否到位、用户在访问过程中遇到的技术障碍（如网站加载速度、支付页面响应时间等）。通过将问题分解成具体可操作的部分，能够更加精准地定位问题的核心原因。

2. 数据收集与分析

问题的本质往往隐藏在大量的数据背后，学生必须学会如何收集和分析相关数据，利用数据支撑问题分析。可以通过多种方式收集数据，包括用户行为数据、交易数据、用户反馈等。常见的数据分析工具包括 Excel、Python、Tableau 等，它们能够帮助学生处理大规模数据，进行深度分析，发现潜在的模式和问题。例如，在分析用户流失的原因时，可以通过查看网站的点击路径、用户停留时长、页面跳出率等指标，来识别哪些环节导致了用户的流失。通过分析不同渠道的访问数据，可以发现某些广告投放效果不佳，导致流量下降；或者通过分析用户的购买转化率，可以发现某些页面的设计不符合用户需求，导致高流失率。

3. 原因分析

原因分析是深入挖掘产生问题的根本原因的关键步骤。可以运用多种分析方法，如 5Why 分析法和鱼骨图，来找到产生问题的根本原因。5Why 分析法要求从问题的表面现象出发，通过连续追问“为什么”，逐层深入分析，直到找到产生问题的核心原因。例如，流量下降的现象可能是由于广告投放效果不佳，而广告效果不佳有可能是由于广告内容不精准，再进一步分析，可能是因为广告目标用户的定位出现问题。通过这种方法，能够帮助企业识别产生问题的根源，从而为后续的解决方案提供清晰的方向。

鱼骨图是一种常用的原因分析工具，通过将产生问题的各个潜在原因分布在图的不同“骨”上，可以更系统地梳理可能影响问题的各类因素。这一方法能够帮助从多个角度对问题进行综合性分析，确保不遗漏任何潜在的根本原因。

（二）解决方案的设计与实施

1. 解决方案的设计

解决方案的设计需要基于问题分析的结果，明确目标并制定切实可行的实施步骤。例如，在面对平台流量下降的问题时，需要设计多维度的解决方案，包括技术优化、营销策略调整和用户体验提升等方面。在技术优化方面，可以提出加快页面加载速度、提升系统性能、优化数据库管理等技术手段；在营销策略调整方面，可以设计更精准的广告投放方案、加强 SEO 优化、提升社交媒体的互动性；在用户体验提升方面，可以提出优化支付流程、简化购买步骤、增加用户反馈通道等方法。

在方案设计时，需要考虑解决方案的可执行性。一个好的解决方案应具备较高的实施可行性，能够在既定的时间和预算内完成。应根据项目需求、团队能力和资源限制，制订详细的实施计划和时间表。明确的责任分配和时间节点能够确保方案在实施过程中有序推进，避免出现因执行力不足而使方案落空的情况。

2. 解决方案的实施与评估

实施方案是解决问题的关键步骤，需要制订详细的实施计划，并组织团队根据计划有序推进。在实施过程中，应通过试点测试来验证方案的有效性，并根据测试结果进行调整和优化。例如，在优化用户体验设计时，可以采用 A/B 测试的方法，比较不同版本的页面设计，选择效果最好的设计方案进行推广。此外，还需要通过持续的数据监控和用户反馈来评估方案的效果。例如，在进行营销活动时，可以实时监控平台的流量变化、转化率、用户反馈等指标，分析营销策略的执行效果。如果某一策略效果不佳，应迅速采取措施进行调整或优化。

第三节　职业素养与综合素质的提升

一、职业道德与责任感

（一）数据隐私保护的责任感

电子商务行业本质上依赖于用户数据的收集与分析，从用户购买行为到个人信息的记录，无一不涉及大量的数据处理。随着科技的发展，尤其是互联网技术和大数据技术的普及，数据已成为最重要的商业资产之一。然而，这些数据背后包含着大量敏感信息，如用户的姓名、地址、联系方式、支付信息等。如果这些信息未得到妥善保护，可能会导致个人隐私泄露、身份盗用等严重后果，因此数据隐私的保护已成为电子商务从业人员的重要责任之一。为了确保用户数据的安全，学生必须了解并严格遵守相关的法律法规，如《中华人民共和国网络安全法》、《中华人民共和国个人信息保护法》以及国际上的《通用数据保护条例》（GDPR）等隐私保护规定。通过了解这些法律框架，学生能够认识到保护个人数据的重要性，学会如何合法合规地收集、存储和使用数据。例如，在收集用户信息时，电子商务平台应获得用户的明确同意，且在未经授权的情况下，不能将用户数据分享给第三方。同时，学生还应学习如何通过技术手段增强数据的安全性，如加密算法的应用、数据脱敏技术、严格的权限管理等，以防止数据泄露、盗用或篡改。

在实际工作中，从业人员还应当时刻保持对数据保护的高度警觉，定期对平台的安全性进行审查和更新，确保其安全防护措施能够抵御不断升级的网络攻击。这不仅是法律的要求，更是确保企业信誉和维持客户信任的必要条件。对于学生来说，培养数据隐私保护意识，严格遵守隐私保护规定，是其职业生涯中不可或缺的一部分。

（二）客户服务与企业形象的维护

在电子商务的竞争中，客户服务是企业与消费者之间建立长期关系的桥梁，也是影响品牌形象和用户忠诚度的核心因素之一。电子商务平台不像传统商店那样有面对面的沟通情境，因此客户服务的质量直接决定了消费者对企业的感知和忠诚度。良好的客户服务不仅能够解决用户问题，还能为企业建立强大的口碑效应，帮助企业扩大市场份额。

应理解客户服务的本质，它不仅是解决用户问题的过程，更是品牌文化的体现。一个优秀的客户服务人员，应该具备耐心、细致、热情的服务态度，能够有效识别客户的需求和痛点，并提供迅速、有效的解决方案。尤其在处理客户投诉时，需要保持冷静与专业，避免情绪化处理问题，要通过积极倾听客户的反馈，理解客户的不满，并在确保企业利益的同时，尽量做到让客户感到满意。例如，当客户对产品质量不满时，服务人员应快速了解问题，提出合理的退换货方案，避免拖延，及时为客户解决问题，从而尽量化解客户的不满情绪。

应了解并应用客户关系管理系统来提升客户服务质量，通过数据分析了解用户行为和需求，从而为客户提供个性化服务。通过建立良好的客户服务机制，电子商务平台能够提高客户的回访率、增加转化率，并通过客户推荐进一步吸引新用户。

（三）诚信经营

由于互联网的虚拟性和匿名性，电子商务平台的交易行为常常没有面对面的监督，因此诚信经营对于电子商务企业来说尤为重要。学生作为未来的电子商务从业者，必须明白诚信不仅仅是一个口号，更应当融入平台的每一个细节中，从商品信息的真实描述到售后服务的公正透明，都应当秉持诚信的原则。

必须认识到诚信在电子商务交易中的重要性。在商品宣传、广告投放时，应当了解并避免虚假宣传或误导消费者。例如，在进行产品推广时，应当如实展示商品的功能、规格和使用方法，避免夸大产品效果，确保消费者对所购买商品有清晰的了解。虚假宣传不仅会影响消费者的购买决策，还可能带来法律诉讼和商誉损失，损害企业的长期发展。

诚信经营体现在价格的透明度和服务承诺上。学生在学习电子商务专业知识时，应了解如何为消费者提供明确、公正、合理的价格政策，并在销售过程中，做到价格公开透明、服务条款清晰。学生需要懂得企业应承担的法律责任，如遵守退换货政策、提供质量保障等服务，以确保消费者的基本权益。

诚信经营还体现在数据和信息的管理上。数据造假、虚假评价、篡改销量等行为，不仅会损害企业信誉，还会破坏行业的公平竞争环境。因此，学生需要树立正确的价值观，摒弃不正当竞争行为，坚守商业伦理，在面对市场压力和诱惑时，能够作出符合道德标准的选择。

二、沟通与表达能力

（一）书面与口头表达能力

电子商务领域涉及大量与客户、供应商、合作伙伴等的书面和口头沟通，需要掌握多种表达技巧，以便能够清晰、简洁地传达信息。书面表达能力在电子商务中尤为重要，需要能够撰写清晰且具有吸引力的营销文案、产品描述以及企业通知等。有效的文案不仅需要传达信息，还要能够激发用户的兴趣和购买欲望。例如，在撰写电子商务平台的产品介绍时，应确保文案清晰、简洁，并通过精准的产品描述，激发消费者的购买动机。此外，广告文案应与目标市场的需求相匹配，通过有说服力的语言提升转化率。

口头表达能力十分重要，特别是在客户服务和团队合作中。从业人员需要通过电话、视频通话、在线客服等形式，与客户沟通并解决问题。在客户服务中，需要学会倾听客户的需求，并通过简单明了的语言为客户提供解答，确保客户能快速理解信息并采取行动。良好的口头表达能力意味着能够清晰地说明复杂问题、简洁明了地解答客户疑问，从而提高客户满意度。此外，应学会在客户服务中使用积极的语言，以增强客户的信任和依赖感。

在团队内部，也需要具备一定的口头表达能力，特别是在讨论项目进展、协调工作时。学生需要学会在会议中清晰表达自己的观点，并能够有效总结讨论的要点，确保团队成员对项目的进展有共同的理解，避免误解和冲突。

（二）客户需求的精准理解

在电子商务行业，客户是平台成功的核心。需要通过有效的沟通技巧精准理解客户的需求，以便为客户提供个性化的解决方案。在与客户的交流中，不应仅仅停留在表面的需求描述上，而应通过深入地问询、倾听以及观察，了解客户的潜在需求者和隐性要求。优秀的电子商务从业人员不仅是问题的解答者，更是需求的引导者和解决方案的提供者。

应学会运用情感共鸣和心理学技巧来增强与客户的互动。例如，当客户对商品或服务有所疑虑时，应通过同理心表达，倾听客户的担忧，理解他们的需求背后可能隐藏的心理因素，从而提供更加个性化的服务。这种倾听和理解不仅可以解决客户当下的疑问，还能帮助建立长期的客户关系。通过精准理解客户需求，能够为客户提供符合其期待的产品推荐或服务改进建议，从而增加客户的满意度和忠诚度。

精准理解客户需求的能力表现在能够迅速捕捉市场趋势和消费者心理上。通过数据分析和客户行为的跟踪，可以洞察到消费者需求的变化，及时调整市场策略或产品供应。例如，通过客户购买历史和行为轨迹，可以发现某类产品的受欢迎程度，进而调整库存和促销策略。通过这种精准的需求理解，电子商务平台能够提高客户的复购率，提升客户生命周期价值，并为平台带来更高的利润。

（三）跨部门协作中的沟通技巧

除了与客户的直接沟通，电子商务平台的日常运营还涉及跨部门的协作，如与技术团队、市场部门、供应商、客服团队等的沟通与协调。有效的跨部门沟通是确保电子商务项目顺利进行的关键，因为这些部门之间的协作往往直接决定了项目的执行效率和质量。学生需要培养跨部门沟通的能力，能够在不同部门之间传递关键信息，并促进团队的紧密合作。

在电子商务平台中，市场推广活动的成功与技术开发的进度密切相关。学生需要学会如何协调市场部门的推广策略与技术部门的开发进度，确保营销活动和平台功能的同步。比如，在策划一场大促活动时，市场部门需要提前设计好活动的推广策略，而技术部门则需要确保平台能够承受高流量，且活动页面顺利运行。

学生需要学会与供应商的沟通技巧。电子商务平台的商品供应往往依赖于供应商的及时供货和优质的商品质量。应通过与供应商保持积极沟通，确保商品库存和物流配送顺畅。同时，在处理与供应商的冲突时，需要具备解决问题的能力，能够在确保平台利益的前提下，与供应商达成共识，促进双方的长期合作关系。

三、时间管理与抗压能力

（一）时间管理能力

1. 任务优先级的设定

电子商务行业的任务种类繁多，涉及平台运营、商品管理、客户服务、市场营销等各个领域。如何高效地处理这些任务，确保资源和时间得到最佳利用，是提高工作效率和成果质量的关键。学生需要学会根据任务的紧急程度和重要性进行合理的优先级设定，以确保重要工作能够按时高质量完成。合理的任务优先级设定可以有效避免工作中的拖延和遗漏，有助于在压力较大的工作环境下保持高效。

（1）任务重要性与紧急性的分析。任务的优先级设定，要基于任务的重要性和紧急性进行分析。通过科学的时间管理方法，能够准确区分哪些任务是当前必须马上解决的紧急且重要的任务，哪些任务虽然急迫但并不重要。比如，系统出现技术故障或大规模客户投诉时，应优先处理这些直接影响业务的紧急问题，而一些较为常规的日常管理任务可以稍后再做。通过合理区分，能避免陷入忙碌却低效的状态。为此，"艾森豪威尔矩阵"是一种非常有效的优先级分类工具。该矩阵将任务分为四类：①重要且紧急的任务；②重要但不紧急的任务；③紧急但不重要的任务；④既不紧急也不重要的任务。通过这一方法，能够清晰地识别任务的优先级，集中精力处理那些具有重大影响的工作，避免被琐事牵绊。

（2）灵活应对突发情况与培养多任务处理能力。在电子商务的实际工作中，常常需要面对多个任务并行推进的局面。特别是在促销活动期间，任务量大且高度紧张，突发事件频发。需要灵活调整优先级，确保任务及时完成。在面对紧急突发情况时，如技术故障导致网站瘫痪或仓储问题导致订单延迟，应能够迅速调整当前工作的焦点，优先处理影响最大的事项。此外，随着电子商务行业对多任务并行能力的要求不断提高，学生也需要培养多任务处理的能力。在高度紧张的环境下，应学会如何将注意力合理分配在多个任务上，确保在不互相干扰的情况下有效推进每一项工作。例如，在大促活动前期，不仅要跟进商品准备、广告文案设计等内容，还需要实时监控平台性能、物流进度等工作，确保各个环节同步进行。

2. 时间分配与任务规划

时间分配与任务规划是有效管理电子商务项目的核心技巧。尤其是在电子商务的高峰期，需要学会如何在短时间内完成大量任务，同时保证工作的高质量。任务规划不仅涉及对时间的合理分配，还需要考虑任务的周期性和复杂性，以确保所有工作能够按照预定计划顺利完成。

（1）任务周期性与时间节点的规划。学生需要掌握时间规划的基本方法，并了解每项任务的周期性。例如，在电子商务平台大促活动的准备阶段，应提前根据活动的特点，制定详细的时间表，明确每一环节的时间节点和任务目标。市场调研、活动策划、产品准备等每个环节都需要在特定的时间内完成，且每个环节的延迟都可能影响整个活动的顺利推进。例如，市场调研阶段需要收集并分析目标消费者的购买行为，了解市场趋势，通常这一步骤需要提前几天完成；广告文案的设计和优化需要提前一周规划，确保有足够的时间进行多轮审稿与优化；产品准备阶段要求在活动前两到三天内完成库存确认、产品定价、配送准备等工作。需要根据每项任务的复杂程度和紧急程度进行合理的时间分配，避免因工作安排过于紧凑或过于宽松而影响活动效果。

（2）动态调整时间计划与进度监控。学生在实际操作中还需要学会根据进展情况实时调整任务规划。特别是在多任务并行时，任何一个环节的延误都可能影响后续的工作安排。因此，学生应学会如何在实际操作过程中灵活调整时间计划，确保每一项任务能够及时、高效地完成。例如，在进行大促活动的策划时，可能某个环节的工作进度较慢（如广告文案设计或市场调研），此时应及时调整后续工作的时间安排，为延误的部分腾出更多时间，避免影响到活动推广和执行的整体效果。使用项目管理工具，如甘特图、Jira、Trello 等，能够帮助实时跟踪任务进度，并对工作进行动态调整，确保活动的顺利进行。

在大促活动期间，还需要设立监控机制，随时跟踪各项任务的执行情况。这一过程不仅有助于保持对任务的全盘掌握，还能有效发现潜在的风险和问题，提前采取补救措施。通过监控和反馈机制，能够对任务的时间管理进行有效优化，避免时间管理不当而导致项目质量下降或无法按时完成。

（二）抗压能力

1. 情绪管理与自我调节

情绪管理是抗压能力的重要组成部分。在面对工作中的高压情境时，能够有效管理自己的情绪，避免情绪波动影响决策和工作效率，直接决定了个人的抗压能力。在电子商务行业中，工作人员常常面临多重压力，来自市场、客户、供应商等各方的压力持续不断，这要求从业人员必须具备高度的自我控制能力和情绪调节技巧。

学生需要学会识别自己的情绪反应，并采取有效的自我调节措施。比如，在面对客户投诉时，若未能控制好情绪，可能会影响与客户的互动，导致不必要的冲突和误解，甚至可能损害公司形象。因此，在处理投诉时，应保持冷静的态度，专注于问题的解决而非情绪的发泄。通过运用情绪调节技巧，如深呼吸、冥想、身心放松等，可以在压力大的时候恢复理性思维，迅速找到问题解决的方向。

同时，合理的时间管理和任务分解有助于减轻工作压力。学生应学会如何将复杂的大任务分解成小任务，并逐一执行，从而避免因任务堆积而带来的心理负担。在面对一系列任务时，合理的时间安排与计划执行能够有效减少“临时抱佛脚”的紧张感，帮助人们在任务繁忙时保持冷静，提升工作的效率和质量。

2. 团队协作与压力分担

在高压工作环境中，团队协作不仅可以增强工作效率，还能有效分担个人的压力。电子商务行业的从业者在促销活动或重大项目执行期间，通常需要与不同部门的团队协作来确保工作的顺利推进。例如，在参与大规模促销活动时，可能需要协调技术团队、市场营销团队、客户服务团队等多个部门的工作。通过团队协作，不仅可以分担个体工作负担，还能共同解决难题，确保活动目标的达成。

在面对工作压力时，团队成员的支持和合作尤为关键。通过良好的沟通与协作，团队能够有效识别潜在的工作瓶颈和风险，及时调整方案，避免单一人员承担过重的工作压力。例如，学生应培养精准传达工作需求和反馈信息的能力，在进行跨部门沟通时，确保各部门能够及时获得所需信息，协调行动，从而减少不必要的工作冲突和重复劳动。

团队会议和定期的反馈会对于减轻压力非常重要。在项目的执行过程中，通过定期的团队会议，团队成员可以分享工作进展，讨论遇到的难题，共同探索解决办法。通过集思广益，团队能够迅速提出多样化的解决方案，提升问题处理的效率和效果，减轻个人的工作负担。

3. 高强度工作环境中的持久战

电子商务行业在大促销季节、市场需求激增期间常常具有非常高的工作强度，这要求从业人员具备强大的抗压能力，能够在长时间高压的工作状态下持续保持高效工作。电子商务行业尤其是在“双十一”等电子商务平台大促期间，工作人员需要加班处理大量的订单、调整营销策略、进行实时监控等，这些都对从业人员的抗压能力提出了较高要求。

在这种高强度的工作环境中，需要保持积极心态，处理好身体与心理的双重压力。第一，学生应学会如何设定清晰的工作目标，并按部就班地执行。在高强度的工作中，持续的动力和效率往往决定了工作表现的好坏。学生需要学会如何保持良好的自我激励，通过设定每天的任务目标来引导自己完成工作，并在过程中不断总结经验和调整策略。

第二，在持续的工作压力下，学生还需要掌握如何调整自己的生物钟，以应对超长时间的工作压力。学生要学会合理安排休息和工作周期，确保在加班时段能够保持较高的效率。例如，可以在工作间隙进行短时间的休息，采用一些小技巧如活动筋骨、短暂的深呼吸等，来缓解身体疲劳，提高精力集中度。此外，充足的睡眠和饮食也对保持长时间的工作状态至关重要。学生需要意识到身体健康的保护和心理健康的管理是提高抗压能力的关键。

第三，高强度工作环境可能带来的长期压力积累和身体疲劳，也要求学生学会适当地调整自己的生活习惯，避免过度劳累导致健康问题。适当的锻炼、健康饮食以及心理上的放松，可以有效降低持续工作带来的负面影响，帮助人们以最佳状态应对工作挑战。

第三章　产教融合在电子商务专业教育中的实践路径

第一节　产教融合的模式与类型

一、校企合作的多种形式

（一）订单式培养

1. 订单式培养的运作机制

订单式培养模式的核心在于企业与高校的紧密合作和共同参与，具体而言，企业与高校共同商定人才培养计划，明确企业对所需人才的标准、技术要求和行业环境。在这一过程中，企业为高校提供其最新的技术趋势、行业发展方向、行业标准和典型案例研究等，学校则根据这些行业需求设计专业课程与实训项目，确保课程内容与市场需求紧密对接。

在具体的运作机制中，学校和企业的合作包括以下几个步骤。

（1）需求分析：企业提出具体的人才需求，学校在了解企业需求的基础上，制定相应的人才培养方案。此过程通常包括企业对当前技术趋势和市场变化的阐述以及对岗位职责与技能要求的明确。

（2）课程开发与调整：根据企业提供的需求，学校将课程内容进行定制化调整，确保学生能够掌握相关领域的最新技术和理论知识。课程中可能会加入企业提供的真实案例、最新技术标准和操作流程等，使学生能直接了解行业前沿知识。

（3）实践教学与企业实训：学生的学习不仅局限于课堂理论，企业将参与实训基地的建设，为学生提供真实的操作场景。在实训过程中，学生能够模拟处理企业的实际问题，从而提升其实际工作能力。

2. 学生的优势与就业前景

订单式培养为学生提供了个性化且高度契合实际工作岗位的教育内容和实践机会，显著提高了学生的就业竞争力。通过在校期间接受企业定制化课程，学生不仅学习到理论知识，还能够在企业提供的实际工作环境中进行实践锻炼，提前熟悉工作流程和企业文化。学生毕业后，能够迅速适应企业的工作环境，无须进行再培训，大大缩短了适应期。

（1）技能的精准培养：在订单式培养模式下，学生获得的知识和技能直接与企业的需求对接。例如，某知名电子商务平台与高校合作，开设"电子商务运营订单班"，课程内容包括电子商务平台的运营体系、用户分析、市场营销、数据处理等，学生通过参与平台实际项目，掌握了企业最迫切需要的技能，如用户行为分析、运营数据优化等。

（2）提前融入企业文化：学生通过参与企业项目、与企业导师的互动，提前融入企业文化，了解企业内部运作和管理方式。这使学生不仅能够在技能上快速成长，还能够更好地适应企业的工作氛围和团队合作模式，提高学生的综合素质。

（3）增加就业机会：订单式培养模式使企业可以提前锁定优秀人才，这不仅减少了企业的招聘成本，还确保了学生能够进入有更大发展潜力和稳定性的公司工作。学生通过订单式培养不仅能够获得企业的工作机会，还能享受更加良好的职业发展前景。

3. 企业与学校的共赢

订单式培养模式对于企业与学校来说是共赢的局面。企业通过这种合作，能够定制出符合其需求的专业人才，减少招聘和培训的成本，同时还提高了员工的忠诚度和稳定性。学校则通过订单式培养提升了自身的教学质量和社会声誉，同时增强了与企业的合作关系。

（1）企业的优势：企业通过订单式培养能够提早锁定适合自己使用的优秀人才，从而提高人力资源的配置效率，减少了企业在新员工培训上的时间与经济成本。此外，企业能够在教育过程中加入自己对人才的独特需求，确保培养出来的学生能够迅速适应企业的工作环境和文化，最大化地提升员工的生产力。

（2）学校的优势：学校能够通过订单式培养提升自己的办学水平，并与行业保持紧密的联系。通过企业的需求反馈，学校能够更清晰地把握行业的技术变化和人才需求，进而优化课程设置，提升教育质量。此外，学校毕业生的高就业率和社会口碑将进一步增强学校的声誉，吸引更多学生报考。

（3）长期效益：订单式培养缩短了学校教育与企业需求之间的“空白期”，加强了校企之间的合作与互动，使两者在教育和人才培养方面达成长期的合作伙伴关系。随着时间的推移，这种模式不仅帮助企业更好地选拔人才，还推动学校教育质量和市场竞争力的进一步提升。

（二）共建实训基地

1. 实训基地的功能与作用

共建实训基地是产教融合的重要组成部分，它为学生提供了一个与实际工作环境相似的学习场所，让学生在实践中巩固和应用所学的理论知识。在传统的教学模式中，学生往往是通过书本和讲座等方式学习抽象的理论，缺乏足够的实际操作机会。实训基地的建立有效弥补了这一空白，提供了一个真实的行业环境，让学生在解决实际工作中的问题时，不仅能够获得动手操作的机会，还能够直观地感受企业的工作流程和行业的技术要求。例如，某高校与某知名物流企业合作共建的“智慧物流实训中心”，为学生提供了全面的仓储管理、物流调度、数据分析等实训项目。在这个实训中心，学生不仅可以使用与企业日常运营相同的设备和软件，还能在企业的技术支持下，参与各种模拟项目和真实案例的操作中。

实训基地的作用还体现在其能够为学生提供跨学科的综合能力培养。通过接触不同领域的技术和知识，学生不仅可以拓宽专业视野，还能够在实际操作中找到多学科交汇点的创新应用，提升其综合素质和跨领域的协作能力。此外，实训基地通过模拟企业环境，帮助学生更好地了解职场文化、职业素养要求等，提高了他们的就业竞争力。

2. 提升学生的实践能力

共建实训基地的一个核心优势是能够提供“学以致用”的实践机会。在传统的课堂教学中，学生通过理论学习掌握了基础的知识体系，但往往缺乏与实际工作紧密结合的机会。而在实训基地，学生可以直接将所学的理论知识运用到实际操作中，进一步加深对专业技能的理解和掌握。例如，在物流管理的实训中，学生不仅学习如何进行货物调度和仓储管理，还可以在实际的模拟环境中亲自操作，学习如何优化物流路径、提高库存管理效率、解决配送过程中出现的问题。

实训基地能够为学生提供技术上的支持，使他们能够接触到最新的行业技术。例如，学生在“智慧物流实训中心”中使用的智能仓储管理系统、货物调度系统等技术，正是当前物流行业最先进的工具。在这些技术的帮助下，学生能够深刻理解技术在工作中的应用，掌握行业前沿技术，并学会如何在不断变化的技术环境中进行有效应用。通过这种理论与实践相结合的方式，学生的实践能力得到显著提升。学生不仅能够掌握操作流程，还能学会如何应对工作中可能遇到的复杂情况，培养其创新能力和解决实际问题的能力，为进入职场做好充分的准备。

3. 企业与学校的深度合作

共建实训基地不是企业和学校之间的简单合作，而是产业与教育的深度结合。企业在共建实训基地过程中，不仅提供设备和技术支持，还通过参与课程设计、项目开发等方式，与学校共同推动教育改革和创新。企业通过与学校的紧密合作，能够直接影响课程的内容，确保所学的知识与行业需求紧密对接。通过这种深度合作，学校能够实时了解行业的发展动态，及时调整课程内容和教学方法，以满足企业对于人才的需求。例如，学校在与企业合作的过程中，会根据企业最新的技术应用和市场需求，及时更新和优化课程大纲，确保所教内容与行业标准保持同步。

企业的参与还为学校提供了宝贵的资源支持，帮助学校提升教学质量和教学设备的现代化水平。学校可以借此机会进行教学设备的更新换代，提供更加贴合行业需求的实训设施和设备，使学生能够在最接近实际工作环境的条件下进行学习。这种合作模式不仅推动了学校教育质量的提升，也帮助学校建立了与企业的长期合作关系，从而提高了学校在行业中的影响力和声誉。同时，学生在这种合作过程中能够直接接触行业的最新动态和技术，提前了解企业的工作流程和文化，为未来的职业生涯奠定坚实的基础。企业通过为学生提供实践机会和行业资源，不仅提高了自身人才的储备，也通过学校培养了符合自身发展需求的高素质员工。这种“共赢”局面有效促进了学校与企业的长期合作和共同发展。

（三）企业导师制

1. 企业导师制的功能与优势

企业导师制是一种创新的校企合作模式，它通过邀请企业的资深专家或高层管理人员担任学生的导师，将行业经验与学术教育紧密结合。企业导师制的核心功能在于通过企业专家的定期指导，帮助学生更好地理解和适应即将进入的职场环境。企业导师通过与学生的互动，不仅为学生传授行业最新的技术和管理知识，还为他们提供具体的职业发展建议，帮助他们更清晰地规划未来职业道路。企业导师通过分享实际工作中的成功案例和挑战，向学生展示行业内真实的工作场景，让他们提前了解职场的实际需求和潜在挑战。例如，某高校与知名电子商务平台合作，邀请平台的技术经理、运营总监等高层担任学生导师。通过定期的交流与讨论，学生能够获取最新的行业趋势、技术突破和管理经验，同时也能通过导师分享的案例分析，更深入地了解电子商务平台如何应对市场变化和竞争压力。导师的参与不仅帮助学生理解行业动态和技术创新，还让学生从实践出发，学会如何解决复杂的职场问题。

2. 学生的职业发展与综合能力提升

企业导师制不仅关注学生的学术学习，更注重学生综合能力的提升，尤其是在职业规划和实际能力的培养方面。学生通过与企业导师的互动，能够在学术研究与实际工作中找到平衡点，提升自身的职业素养和行业技能。企业导师不仅指导学生如何根据自身兴趣制定合理的职业规划，还通过帮助学生理解行业各岗位的职责和要求，为其职业发展指引方向。

企业导师制的实施能够帮助学生发掘自己的优势和不足，并使学生在与企业导师的互动中得到反馈和建议。学生在此过程中不仅限于获得课堂上学习的理论知识，而且通过与企业导师的互动、参加行业讲座、参与实战案例分析等方式，全面提升了自己的专业能力和职业技能。例如，企业导师可以根据学生的兴趣和性格特点，指导学生选择最适合的职业路径，并通过一对一辅导，帮助学生明确哪些知识和技能对其职业发展最为重要，如何有效提升这些方面的能力。通过这种深度指导，学生不仅能提高自己的技术能力，还能在人际交往、团队协作、时间管理等软技能方面得到提升。企业导师通过分享自己的职场经验和实际案例，帮助学生理解职场规则、掌握沟通技巧以及如何处理职场中的复杂人际关系，这对学生未来进入职场并快速适应工作环境至关重要。

3. 企业与学校的双赢合作

企业导师制的成功不仅对学生产生积极影响，同样为企业和学校带来了显著的双赢效果。企业通过参与学校的教学过程，可以提前接触即将毕业的优秀学生，并为其提供导师指导。企业导师不仅能从学生中选拔适合的人才，还能通过与学生的长期互动，培养未来的核心员工。通过企业导师制，企业能够确保自己未来的用人需求得到满足，并且能培养出符合企业文化和工作需求的员工。这种合作使企业在招聘过程中能够更高效地筛选人才，避免招聘过程中的不确定性和高成本。

企业通过参与学校的教学和指导，不仅帮助学生提升实践能力，还能够从学校获取前沿的教育理念和创新思维。学生的参与不仅能够推动企业自身的技术创新和管理模式的提升，还能为企业注入更多的创意和新鲜视角。例如，企业导师在与学生的互动中，能够获得学生对新技术、新市场和新产品的创新建议，这些都可能为企业的发展带来新的启示和灵感。

对于学校来说，企业导师制为其提供了与行业接轨的机会，帮助学校更新和优化课程内容，提高教学质量。通过与企业高层管理人员的合作，学校能够更好地了解行业最新发展趋势，将这些信息融入教学中，使学生学到更加符合实际需求的知识。

二、双元制模式与实习模式的结合

（一）双元制模式的特点

1. 理论与实践相结合的教育方式

双元制模式的核心理念是理论与实践的并行推进。理论课程在学校内完成，确保学生对专业知识有一个扎实的基础，而实践部分则由企业提供，学生可以在企业环境中将所学知识转化为实际操作技能。这种“校内理论，校外实践”的教学模式为学生提供了一个全面的学习路径，帮助他们形成综合能力。理论学习提供了思维框架和问题解决的工具，而实践教学则帮助学生在复杂的工作环境中运用这些工具，面对真实的挑战，提升解决实际问题的能力。

在双元制模式下，学校的教育体系和课程设置往往与企业的需求相契合。例如，某电子商务企业与高校合作，制定一套涵盖电子商务运营、数据分析、市场营销等内容的课程，学生在学习这些课程的同时，将有机会参与企业的市场推广活动，进行数据分析和用户行为预测等实践任务。这种教育方式能够避免传统教育模式中的“纸上谈兵”，确保学生在毕业时能够快速理解并应用其所学的知识，为企业带来即时价值。

双元制模式的一个显著优势是学生能够通过实践课程直接应用行业中的最新技术与标准。例如，在某些以科技为主导的行业，随着新技术的不断更新，企业常常会优先采用最前沿的技术，学生若能通过双元制模式，在企业中进行学习和实习，将能够第一时间接触这些技术应用，增强其行业竞争力。而这种技术的直接应用，远比单纯的理论学习更能帮助学生深入理解行业需求。

2. 校企深度合作

双元制模式的一个重要特点是学校与企业之间的深度合作。不同于传统的实习和校外合作，双元制模式要求学校与企业紧密合作，共同商定培养方案，并通过长期的合作关系，在教育过程的各个阶段提供支持和反馈。这种合作不仅限于实习安排，还涉及课程设计、教学资源、技能培训等多个方面。学校与企业的共同参与确保了学生的学习内容与行业的实际需求高度对接，避免了理论与实践的脱节。

校企合作中的企业参与不仅仅是为学生提供实习机会，企业还需要根据其实际需求，提出技能要求并参与课程设计。通过这种合作，企业能够为学校提供有关最新技术、行业发展趋势以及企业实际运作的宝贵信息，学校则根据这些信息调整教学内容，使学生能够学到企业所需的专业技能。例如，某电子商务平台与高校共同设计一套电子商务运营课程，其中包括平台操作流程、用户行为分析、社交媒体营销等模块，这些内容都是根据企业的实际需求量身定制的。

企业参与教学设计和课程设置的过程中，能够为学校的课程质量和教育方法提供实时反馈，帮助学校及时调整教学内容和教学方法，确保学生所学的知识不仅是当前的行业需求，还能够提前适应未来行业的发展趋势。通过这种互动和反馈，校企合作不仅提高了教育质量，更促进企业创新发展。

3. 学生多元化的实习体验

双元制模式的另一个特点是提供多元化的实习体验。与传统的单一岗位实习不同，双元制模式通过企业内部的不同部门轮岗，使学生能够从多个视角了解企业的运作，积累全面的工作经验。通过这种多元化的实习安排，学生不仅能加深对本专业的理解，还能够全面掌握行业的运作模式，增强解决问题的能力。

在多元化的实习体验中，学生能够体验到企业各个职能部门的工作。例如，某高校与一家大型电子商务平台合作实施双元制培养模式。学生在该平台接受了定制化的电商课程后，进入企业进行轮岗实习。第一轮实习安排在技术部门，学生可以了解平台的技术架构、数据分析流程以及系统开发工作；第二轮实习安排在市场部门，学生参与了“双十一”促销活动的策划和市场分析工作；第三轮实习安排在客户服务部门，学生在此期间帮助处理用户问题，并通过与用户的互动提升服务技巧。这种多轮次、跨部门的轮岗实习，帮助学生更好地理解了电子商务行业的整体运作，并提升了他们的综合能力。

多元化的实习体验不仅为学生提供了更广阔的职业视野，还让学生能够在不同的岗位上积累实践经验。通过在不同部门的轮岗，学生能够学到各种不同领域的专业技能，如市场调研、客户服务、数据分析等，为其未来的职业发展打下坚实的基础。例如，在技术部门的实习中，学生学习到如何分析用户数据、优化平台性能、解决技术难题；在市场部门的实习中，学生能够了解如何制定营销策略、策划促销活动，提升用户参与度；在客户服务部门的实习中，学生学会如何与用户有效沟通、解决用户的问题，提高客户满意度。

（二）实习模式的实施策略

1. 实习模式的基本框架与策略

实习模式的核心思想是将课堂理论与实际工作紧密结合，使学生能够通过实践加深对专业知识的理解，并迅速提升其职业技能。学生在实习过程中，通过与企业中的资深员工共事，不仅能够学习行业的操作流程，还能体验企业的实际工作环境。

实习模式的实施需要学校与企业共同参与，以确保学生在实习期间能够最大限度地获得成长。学校应当在学生正式进入企业前做好充分的准备工作，包括选择合适的实习岗位、明确实习目标、提供相关培训等。同时，学校还应为学生提供持续的支持，如通过定期的辅导和检查，帮助学生顺利度过实习阶段。企业则应提供真实且具有挑战性的工作任务，确保学生能够在实践中不断提升自己的专业技能，并为学生安排经验丰富的导师，提供日常的工作指导和反馈。实习模式的成功实施还需要学校和企业对学生进行有效的能力评估。这种评估不仅限于对学生技术能力的检查，还应包括对其职场软技能的考核，如沟通能力、团队协作能力、问题解决能力等。

2. 实习安排的精准设计

为了确保实习模式的效果，实习内容的精准设计至关重要。学生的实习内容应与其所学专业紧密相联，且能有效提升其职业能力。学校和企业在共同制订实习方案时，应充分了解行业的实际需求，确保学生能够在实习过程中接触到真实的工作内容。通过与企业的合作，学校可以根据行业需求制订实习计划，使学生能够获得符合市场需求的专业技能。例如，某高校与电子商务平台合作，安排学生在“双十一”大促活动期间进行实习，学生直接参与活动的策划、执行和数据分析等工作。通过这种实习安排，学生不仅能够将课堂上学习的电子商务理论应用到实际工作中，还能全面了解电子商务平台的运营流程和市场营销策略。这种针对性强的实习安排，使学生在实践中掌握了大量的行业知识，并通过实际操作提升了其问题解决能力。此外，在实习期间，学生应得到专业的导师指导，企业应为学生安排经验丰富的导师负责其日常工作的指导。这些导师不仅会帮助学生掌握岗位的核心技能，还会通过定期的反馈与评估，帮助学生及时发现并改正自己的不足。例如，在物流企业的实习中，学生参与管理仓储和运输调度等工作，企业导师会定期与学生进行一对一的讨论，评估学生在实际操作中的表现，并为其提供建议，确保学生能够在实践中不断进步。

3. 实习模式的多维度评估与反思

实习不仅是学生获取实践经验的过程，更是其自我反思和能力提升的过程。在实习期间，学校和企业应共同设定明确的考核标准，定期对学生的工作表现进行评估。评估不仅可以帮助学生了解自己在工作中的优点与不足，还可以为学生提供改进的方向。学校应通过与企业合作，制定符合行业标准的评估体系，确保学生在实习过程中得到全面的指导和反馈。在评估过程中，学校和企业应对学生进行多维度的评估，除了专业技能外，还应考查学生的职场软技能，如沟通能力、团队协作能力、时间管理能力等。这些软技能对学生未来的职业发展同样重要，因此评估的维度应该全面、立体，以帮助学生全方位提升自己的综合能力。例如，在电子商务平台的实习过程中，学生可能需要通过数据分析来优化促销策略。学生在撰写数据分析报告时，导师不仅会提供技术性的反馈，还会帮助学生改进其报告的结构、逻辑和表达方式。此外，学校教师也可以从学术角度对学生的分析方法提出建议，帮助学生理解数据分析中的理论依据，进一步提升其分析和决策能力。通过这种双向反馈的评估机制，学生能够及时了解自己在工作中遇到的困难，掌握改进方法，并在反思中提升自己的职业素养。

（三）双元制与实习模式的结合

1. 深度融合的教学模式

双元制与实习模式的结合创造了一种深度融合的教学模式，将理论与实践紧密相连，既避免了学生仅限于课堂学习的局限，也避免了单纯依赖企业实习的经验空白。这种融合模式通过系统地安排企业实习与学术教育，使学生能够在真实的工作环境中运用课堂上所学的知识，同时也能将企业的需求反馈回学校的教学体系，不断改进课程设置。通过在企业中进行轮岗实习，学生不仅可以将学到的理论知识运用到实际工作中，还能够根据企业的工作流程和岗位要求快速进行适应，从而提升其职业素养和技术水平。例如，在某高校与电子商务平台的合作中，学生在学习电子商务运营理论的同时，会被安排到平台的多个部门进行轮岗实习。从产品策划到数据分析，再到客户服务等多个岗位，学生通过亲身参与企业的核心业务流程，掌握了电子商务行业中的具体操作模式和先进技术。

这种教学模式的优势在于它不仅提高了学生的技术能力，还加强了其解决实际问题的能力。学生在参与企业实际项目的过程中，需要灵活运用所学知识，应对各种复杂和动态的挑战，这种实践性的学习方式使学生的知识不再仅限于抽象的理论，而是能够通过实际操作进行反复验证和提升，最终实现理论与实践的双向促进。

2. 实习与理论教育的协同推进

双元制与实习模式的结合使学生能够在学习过程中实现理论教育与实践操作

的有机协同推进。传统的教育体系往往将理论教育与实践分开，学生通常是在课堂上学习理论后，再等待实习机会来将这些知识应用到实际工作中，这一过程存在一定的滞后性。通过双元制与实习模式的结合，学生可以在实际工作中进行实时的反馈和调整，增强学习的即时性和针对性，使他们能够更高效地掌握专业技能，并积累必要的行业经验。例如，学生在校期间学习物流管理理论课程时，学校即将他们安排到与课程内容紧密相关的企业中进行实践。在实践过程中，学生能够将课堂上学到的理论知识即时应用于实际操作，如物流调度、库存管理等方面的知识。与此同时，学生通过与企业工作人员的互动，了解行业的最新技术应用和市场发展趋势，并通过实时反馈调整自己的学习方法和工作策略。

同时，企业的实践环境为学生提供了一个高度逼真的模拟场景，学生能够在企业实际运作的基础上，结合课堂上学到的理论进行创新性思考。在这个过程中，学生的学习不再是单纯的知识积累，而是将知识的应用场景扩展到工作中的具体情境，极大地提升了他们的学习动力和解决实际问题的能力。

3. 提升学生的综合素质

双元制与实习模式的结合，不仅在学术和技术层面提升了学生的专业能力，更重要的是，它有助于学生综合素质的全面提高。在企业的实际工作中，学生面临的任务不仅包括技术操作，还涉及与团队成员的合作、沟通以及问题的协调解决等。这种跨部门协作的经历，能够显著增强学生的沟通协调能力和团队合作精神，为其未来的职场发展奠定基础。例如，在一个电子商务企业的双元制项目中，学生可能同时参与产品营销策划和客户服务两个部门的工作。在产品营销部门，学生需要与团队成员合作制订推广方案，并将客户反馈融入产品改进中；在客户服务部门，学生则需要与不同背景的客户沟通，解答他们的疑问并提供个性化服务。此外，学生在实习期间，不仅会面对大量的工作任务，还将接触各种行业挑战，这为他们提供了提升问题解决能力的机会。在面对具体的项目或任务时，学生需要结合所学的理论知识和实践经验，迅速判断问题的根源并提出解决方案。通过这种不断面对复杂问题并加以解决的过程，学生的分析能力、创新思维和决策能力都能够得到显著提升。

第二节　校企合作的实践路径

一、校企合作机制的建立

（一）明确责任与权益

学校和企业在合作前需要就双方的职责、权利、资源投入等方面进行深入商讨，并通过签署正式的合作协议明确各自的责任与义务。学校通常负责为学生提供系统的理论教育与基础学科的研究支持，确保学生能够通过课堂学习掌握行业的基本知识和理论框架。企业则应提供与行业相关的实践平台和最新的技术支持，确保学生能够通过实际项目和行业实践，增强其操作能力和创新能力。合作协议中不仅需明确课程设置、实践内容、行业需求反馈机制等，还应规定双方在教学资源的投入、科研支持、就业机会等方面的义务，以确保合作能够长期有效。例如，某电子商务企业与高校合作，学校根据企业的要求定制课程内容，而企业则参与课程设计、项目实施、行业技术支持等环节，为学校提供实时的市场需求和行业动态。这种合作方式能够使教育内容与企业需求紧密结合，学生能够在实际的工作环境中获得最新的行业信息，提升其就业竞争力和实践能力。

（二）长期性与稳定性

校企合作必须具备长期性与稳定性，才能够持续为学生提供高质量的教育资源并满足行业的需求。电子商务及其他相关行业的技术和市场需求变化迅速，企业与学校应建立长期稳定的合作机制，以确保合作的持久性与可持续性。长期合作不仅有助于企业培养符合自身需求的人才，也使学校能够及时了解行业发展动态，调整课程内容和教学方法，提升教育质量。

学校与企业的合作不是短期项目式的合作，而是需要双方长期、稳定的投入和相互依赖。例如，企业可以为学校提供长期的实习岗位和就业机会，学校则定期调整课程内容以适应行业发展，确保人才培养的质量。在此基础上，学校与企业可以通过定期评估和调整合作内容，优化人才培养方案，以应对行业的新需求和技术更新。企业也可以通过参与课程开发和人才培训，帮助学校提高教育质量，促进技术创新，从而推动整个行业的进步。

为了确保合作的长期性和稳定性，学校和企业可以设立专门的合作委员会，由双方的管理团队共同组成，定期召开会议，对合作成果进行评估，并为未来的合作提供规划和建议。合作委员会将作为双方沟通的桥梁，确保合作内容的持续性和稳定性，为校企双方提供有效的反馈机制，以便根据行业变化调整合作内容，确保双方的目标一致，资源投入得以有效利用。

（三）灵活性与适应性

在快速变化的市场环境中，电子商务等行业的技术和需求不断演变。因此，校企合作机制需要具备高度的灵活性和适应性，以快速响应行业变化。学校和企业应共同制定灵活的合作框架，并根据行业技术革新和市场需求变化动态调整合作内容，确保合作始终符合行业发展的趋势。随着新兴技术如大数据、人工智能、区块链等的广泛应用，学校应及时调整课程内容，融入这些新技术的理论知识和实际应用，确保学生能够掌握行业最新的技术，满足企业对技术创新和人才的要求。例如，随着人工智能在电子商务行业中的广泛应用，学校可以根据企业的需求及时更新教学内容，开设相关课程，使学生能够学习到最新的技术应用，如智能推荐系统、数据分析和自动化管理等。通过与企业的密切合作，学校能够获得行业的实时反馈，并根据企业的用人需求进行课程内容的优化和调整。企业也能通过与学校的合作，提前培养符合其发展需求的人才，提升企业的核心竞争力。

校企合作的灵活性和适应性还体现在实践环节的设计上。学校和企业可以根据市场趋势和技术发展，随时调整实习内容和形式，确保学生在实践中能够接触最具挑战性的工作任务。由此，校企合作能够有效应对行业的不确定性和市场的多变性，使学生能够在毕业后快速适应职场，成为行业发展所需的创新型人才。

二、校企合作平台的搭建

（一）产学研合作基地

产学研合作基地作为校企合作的重要平台，在教育、科研与产业化之间搭建起了桥梁。这种合作模式不仅关注学生的实践能力培养，还充分重视科研成果的转化和行业技术的提升。学校与企业共同建设的产学研合作基地，可以实现资源共享和优势互补，推动技术创新并实现科研成果的实际应用。

产学研合作基地的建设通常涉及多个层次和多个维度的合作。在教育方面，学校通过为企业提供定制化的课程和培训，能够满足企业对高技能人才的需求；在科研方面，学校与企业共同进行技术研究，推动企业的技术创新并将其转化为实际应用；在产业化方面，学校通过产学研合作将科研成果及时应用到行业中，缩短了科研成果从实验室到市场的转化周期。例如，某高校与电子商务企业合作共建了“电子商务创新研究中心”，通过该平台，学校不仅可以深入开展电子商务技术的研究与创新，还能够为学生提供实地的实践机会，帮助学生更好地理解电子商务行业的最新发展动态。这不仅帮助企业推出更符合市场需求的创新解决方案，也为学生提供了更多的创业与就业机会。

产学研合作基地的优势还体现在推动科研成果和技术的转化上。学校的科研人员可以通过该平台，与企业共同研发新的技术、产品或服务，并将其推向市场。在这一过程中，学生能够深度参与科研项目中，积累实践经验，提升自己的创新能力和动手能力。学校与企业的密切合作可以加速技术的产业化进程，推动社会经济的持续发展。

（二）技术创新中心

技术创新中心也是校企合作的重要平台，旨在推动技术创新与成果转化，促进企业的技术进步与市场竞争力的提升。在这个平台上，学校和企业可以共同制订研发计划，针对行业中的前沿技术进行深入研究，提升技术的市场价值和可行性。例如，学校可以与企业合作建立“智能物流技术创新中心”，专注于智能仓储、无人配送等前沿技术的研究与应用。通过技术创新中心的合作，学校不仅能够提供最新的技术课程和知识，还能帮助企业解决技术研发中的难题，推动企业实现技术突破。

技术创新中心的作用不仅仅局限于科研与技术研发，它还为企业提供了技术孵化的平台。企业可以在技术创新中心内进行新技术的研发、试验与测试，确保这些技术在市场中具有可行性并能够推广应用。学校则能够借此机会参与技术的实际应用，提升其技术研发能力和教育质量。通过这种合作模式，学校与企业实现互惠共赢，学校得以提升科研水平，而企业能够利用学校的技术优势和创新能力进行行业技术的突破，进而提高其市场竞争力。例如，某高校与物流企业合作，共同建设“智能物流技术创新中心”。在该中心，学校的科研团队和企业的工程师共同开发先进的物流技术，如智能配送系统、无人仓库管理等。通过学生的参与，学校能够将最新的研究成果应用于企业的实际项目中；同时，学生也能够接触行业的前沿技术，提升他们的实际操作能力和技术研发水平。企业通过这种合作，不仅能够得到先进的技术支持，还能够更好地适应行业技术发展趋势，增强企业的创新能力和市场竞争力。

（三）在线合作平台

随着信息技术的快速发展，在线合作平台成为校企合作中不可或缺的一部分。通过搭建在线合作平台，学校和企业可以实现跨地域、跨行业的资源共享与合作。在线合作平台的优势在于其打破了时间和空间的限制，使学校和企业能够随时随地进行信息交流、资源共享、科研合作和人才培养等活动。特别是对于具有全球化视野的行业，在线合作平台能够将不同地域的优秀人才、技术和资源汇聚到一起，促进合作的高效推进。例如，通过搭建“校企合作云平台”，学校与企业可以分享课程内容、技术文档、科研项目、就业机会等资源。学校可以通过平台发布在线课程、研讨会、行业讲座等，帮助学生更好地接触行业前沿信息；企业可以在平台上发布实习机会、项目需求、技术发展动态等，为学生提供更多的实践机会。

在线合作平台的一个关键优势是低成本与高效能。传统的校企合作需要大量的线下沟通和资源投入，而在线平台的建立可以降低物理空间的限制，快速实现学校和企业之间的信息共享与沟通。企业可以通过平台向学校提供技术支持、项目需求和行业反馈，同时学校可以通过平台向企业展示最新的科研成果与技术创新。通过这种在线合作平台，校企合作能够进一步扩展其合作范围，不仅提升了合作效率，还能让更多的学生受益于校企合作的成果。

在线合作平台能有效支持远程教育和在线实习，让偏远地区的学生也能参与与企业的合作中。通过远程学习，学生能够利用平台资源进行自学，提升专业能力。企业则可以通过平台实现人才的远程选拔与在线培训，为全球范围内的学生提供公平的机会，推动全球范围内的人才培养与技术交流。

三、校企合作内容的深化

（一）科研合作

科研合作不仅对学校和企业本身具有重要意义，还对行业的技术进步和社会经济发展产生深远影响。学校提供科研理论支持，企业则为科研项目提供现实的技术需求和实践平台，两者的紧密合作形成了知识创新与技术应用的良性循环。通过这种合作，学校不仅能够增强其学术影响力和科技创新能力，还能为学生提供更多的科研机会，提升学生的技术水平和创新能力。而企业则通过与学校的合作，能够在产品研发过程中获得更高质量的技术支持，尤其是在新技术的研发和实践应用方面。企业的技术难题能够通过学校的科研成果得到有效解决，从而推动企业的技术升级和市场竞争力的提升。

例如，某高校与某知名电子商务平台合作，共同研究如何利用区块链技术优化供应链管理。该高校的计算机科学与技术系与该电子商务企业的技术团队联合，设计出一套基于区块链的供应链管理系统，能够有效跟踪商品的生产、运输和销售全过程，从而提高物流效率，减少中间环节的成本。这项技术的应用不仅推动了电子商务行业的数字化转型，还为学校的学生提供了宝贵的实践机会，使学生能够深入参与前沿技术的研究和开发。通过这种科研合作，学校与企业共同推动了行业技术的创新和应用，学校通过合作项目展示了其科研能力，而企业则借此机会提升了技术水平和产品质量。

（二）技术服务

技术服务不仅能为企业解决实际技术问题，还能推动学校科研成果的实际应用。学校的技术团队通过与企业的紧密合作，为企业提供定制化的技术支持，如数据分析、系统优化、用户体验设计等服务。通过这些服务，企业可以提升其产品的技术水平和市场竞争力，同时学校的技术能力和科研成果也能得到应用和验证，推动学术与产业的深度融合。例如，某高校与一家电子商务企业合作，学校的技术团队为该企业提供用户行为分析的技术服务。通过分析大量的用户数据，学校帮助企业识别用户的购买行为模式，提出了改进商品推荐算法的方案。这一方案的实施，帮助企业提升推荐系统的精准度，进而提高了平台的用户黏性和销售转化率。

在技术服务过程中，学生是重要的参与者。学生通过参与企业的技术服务项目，能够学习如何将理论知识应用到实际的技术问题中，提升他们的职业技能和实践能力。学生在与企业的技术团队共同工作时，可以学习到行业前沿的技术应用，积累丰富的工作经验，并通过与企业专家的合作，不断提升自己的技术水平和解决问题的能力。例如，学校可以将学生安排在企业的技术支持团队中，参与项目的具体实施。学生通过实际操作，掌握了数据分析、系统优化等技能，并在导师的指导下完成项目。学生不仅能获得学术知识的应用经验，还能了解企业运营中遇到的技术问题，增强解决问题的能力，为未来进入职场做好充分准备。通过提供技术服务，学校能够提升自己的技术水平和科研能力，而企业则能够利用学校的技术支持解决实际问题，提高企业的运营效率和市场竞争力。这种双赢局面对于校企双方都具有重要意义。学校不仅能够借此机会加强与企业的联系，还能推动自身科研成果的转化，增强社会服务能力；企业能够通过技术服务获得创新成果，提升技术水平，并更好地适应市场的快速变化。

（三）创新创业合作

创新创业合作为学生提供了实际操作的平台，使学生能够于在校期间将所学的知识应用到实践中，参与创新项目和创业活动。通过这种方式，学生能够锻炼自己的创业能力，学会如何将创意变为实际的商业模式，提升自己的市场适应能力和实践经验。例如，某高校与电子商务企业合作，设立“创新创业基金”，为学生提供资金支持和创业指导。通过该平台，学生可以提出自己的创业计划，并获得企业导师的帮助和支持。企业为学生提供市场调研、产品推广等方面的指导，同时学校为学生提供创业课程和理论支持。

创新创业合作不仅是理论指导，还包括实际的操作和实战体验。在校企合作的创新创业平台上，学生可以直接参与企业的创新项目，与企业专家共同讨论、策划和实施项目。学生在实际操作中，不仅能够锻炼自己的创业思维，还能够深刻理解市场需求和产品开发的各个环节。例如，在电子商务平台的创新创业项目中，学生不仅可以参与市场调研、产品设计和销售策略的制定，还能够通过实际的销售活动，体验如何在市场中推广和营销产品，提升自己的创业能力。通过创新创业合作，学校不仅能够培养出更多具有创新精神和创业能力的学生，还能够为社会提供更多的创新型人才。而企业则能够借此机会获得新的商业模式和技术应用，推动企业的发展；还可以提前选拔并培养符合自身需求的创新型人才，为企业注入新的活力。

第三节　实习实践与项目驱动教学

一、实习实践的重要性与实施策略

（一）实习实践的重要性

实习实践是产教融合的核心组成部分，是理论与实践相结合的重要途径。通过进入企业或实际工作环境，学生能够将课堂上所学的理论知识应用到真实的工作中，不仅提高了学生的实践能力，还能提升其解决问题的能力和职业素养。在许多行业，尤其是电子商务、物流、技术服务等领域，学生的就业能力与实际工作经验密切相关。通过参与行业项目，学生不仅可以积累工作经验，还能提高适应行业需求的能力。实习实践提供了一个平台，让学生从课堂到职场的过渡更为顺畅，可提前感知并适应行业的工作节奏与文化。通过实习实践，学生能够学到课堂上无法接触的技能和经验，他们可以直接与客户接触、参与决策制定、解决工作中的实际问题，从而提高自己的团队协作能力、沟通协调能力以及应变能力。

（二）实习实践的实施策略

实习实践的实施策略要求学校与企业密切合作，确保实习内容的针对性和有效性。首先，学校应与企业共同制订详细的实习计划，包括明确实习目标、任务分配、时间安排等。其次，企业应根据行业需求，设定符合学生学习阶段的实际项目，帮助学生积累实战经验。例如，学校与企业在“电子商务运营”课程中开展联合实习，企业为学生提供具体的电子商务运营岗位，如市场分析、数据管理等，并对学生进行岗位职责的培训。学校则根据课程目标，帮助学生深入理解与行业相关的理论，确保学生不仅能够完成实习任务，还能够将理论知识与实际操作相结合，从而提升自己的职业能力。

实施实习计划时，学校和企业还应关注以下几个方面。

1. 合理安排实习时间

实习的时间安排对于学生能够充分理解行业工作流程并积累实践经验至关重要。学生通常面临多个学科的学习任务和课外活动，因此，合理安排实习时间，不仅有助于学生的工作适应，还能够避免过度劳累导致的学习质量下降。学校与企业应根据行业需求和学生的学习进度，制定合适的实习时长。首先，学校需要根据课程设置安排实习的时间。例如，在学期中或学期末安排学生进行短期实习，以确保学生在没有学业压力的情况下，能够全身心投入工作中。其次，企业应根据项目的难度和学生的实际能力，合理安排学生在企业的工作时间。如果企业安排的是长期实习，那么学生应有一个清晰的实习周期和任务安排，避免学生在实习过程中迷失方向。合理安排实习时间还需要确保学生在实习期间有足够的时间去适应工作环境并掌握岗位技能。特别是对于一些复杂的任务，如电商平台的市场分析或技术调试等，学生可能需要较长的时间去熟悉工作流程和技术操作。

2. 实践内容与学科结合

实习实践的核心价值在于其能够将学生在课堂上所学的理论知识与实际工作结合起来，这对于学生职业能力的提升至关重要。学校和企业必须共同设计实习内容，确保学生所参与的工作能够与其专业知识高度契合。实践内容要紧密结合学科方向，并在实际工作中强化学生对相关专业技能的理解与运用。

在设计实践内容时，学校要与企业紧密沟通，了解企业当前的实际需求，并根据这些需求设计实习项目。对于电子商务类专业的学生，可以安排他们参与市场调研、用户分析、数据分析等实际工作，帮助学生了解市场的最新动向、掌握有效的营销策略以及如何通过数据分析优化平台运营。此外，企业也可以为学生提供实际操作任务，如电子商务平台的商品上传、订单管理、支付系统调试等，使学生能够接触到真实的操作环境，并通过实践提升技能。

同时，学校应确保学生在参与实际工作时，能够将所学的理论知识有效地应用到实际任务中。例如，学生通过市场调研学习如何分析消费者行为、如何通过大数据工具进行用户需求分析等，能够在实习中学会运用这些方法来解决实际问题。这样的实践经验不仅能够加深学生对课堂知识的理解，还能帮助学生在实际工作中找到理论的实际意义和应用价值，从而提升他们的专业素养和职场竞争力。

3. 导师指导与反馈机制

导师指导和反馈机制是确保实习过程高效进行的关键因素。企业应为每位实习生配备专业导师，负责指导学生的工作并定期提供反馈。导师不仅要帮助学生理解工作内容，还要为学生提供职业规划和发展建议，帮助他们更好地理解行业需求、提升自己的职业素质。

导师在学生实习期间的作用不仅是传授专业技能，还应通过个人的经验分享，帮助学生融入企业文化，了解行业的最新动态。例如，在电子商务行业的实习中，导师可以通过讲解电子商务平台的运营策略、用户行为分析等，帮助学生更好地理解实际工作中的问题，并指导学生如何将课堂上学到的理论知识运用到工作中。导师的经验和指导能帮助学生在遇到工作挑战时，及时调整自己的思路和方法，从而更好地应对工作中的难题。

除了导师的个人指导，学校和企业还应定期进行反馈，确保学生在实习过程中得到充分的支持。企业可以通过每月或每阶段的评估，跟踪学生的工作进展，并向学校反馈学生在工作中的表现和成绩。这种双向反馈机制不仅可以帮助学生发现自己的优点和不足，还能及时调整实习计划，帮助学生在实习期间获得更多的成长机会。例如，导师可以针对学生的工作成果提供具体的改进建议，而学校则可以根据企业反馈调整课程内容和教学方式，使学生更好地适应未来的职业生涯。

二、项目驱动教学的应用与效果

（一）项目驱动教学的特点

项目驱动教学是一种以实际项目为核心的教学方法，其最大特点是通过学生参与实际项目，学习与掌握相关知识与技能。项目驱动教学与传统的教学方法不同，强调通过实践任务的驱动，来促进学生主动学习和解决问题能力的提升。这种教学方法不仅注重学生对学科知识的掌握，还强调学生在实际工作中运用所学的知识去解决问题、创新思考和提升协作能力。例如，在“电子商务运营”课程中，项目驱动教学的核心是通过一个具体的电子商务运营项目来指导学生学习。在这个项目中，学生将会参与市场调研、用户分析、数据分析、促销活动策划等环节，真正走进企业实际运营的过程，了解电子商务平台如何管理客户关系、制定市场策略、优化产品推广等。学生通过参与项目，能够通过实际操作来巩固理论知识，并提升自身的创新能力。

项目驱动教学的另一个特点是高度的互动性与协作性。项目中的任务通常由小组合作完成，学生需要与其他组员协作，共同完成任务。在这一过程中，学生不仅能学到专业知识，还能锻炼自己的团队协作、沟通协调、时间管理等技能。这种互动性强、综合性强的教学模式，有助于学生在实际环境中更加快速地理解所学内容，并能够灵活运用到实际工作中。

（二）项目驱动教学的实施

项目驱动教学的实施需要学校和企业密切合作，选择具有实际意义和应用价值的项目。学校可以根据企业的需求和行业发展趋势，选择一些有挑战性的项目作为教学内容，确保项目既能提升学生的实践能力，又能紧跟行业发展潮流。例如，某高校与电子商务平台合作，实施项目驱动教学，让学生参与电子商务平台的市场分析项目。学生需要对该平台的用户数据进行分析，并制定营销策略以提升平台的用户活跃度和销售额。在整个过程中，学生不仅运用了市场营销的理论知识，还学会了如何利用数据分析工具进行用户行为分析，掌握了营销策略的制定和调整方法。这一过程的实施，使学生不仅学到了课程知识，还积累了大量的实践经验。

实施项目驱动教学时，学校应当重视以下几个方面。

1. 项目内容的选取

项目内容的选取是项目驱动教学成功的关键之一。为了确保项目能够达到教学目标，学校需要与企业紧密合作，根据行业需求和发展趋势，挑选具有挑战性和实用性的项目。项目的内容应与学生所学的专业课程紧密相关，并能够帮助学生提升专业技能和应用能力。例如，在电子商务专业的项目中，学生可以参与实际的市场调研、数据分析或产品营销策划等项目。通过实际操作，学生不仅能够将所学的理论知识进行验证，还能面对行业中的实际问题，学会如何运用工具和方法进行解决。在选择项目时，学校还应考虑项目的复杂度和学生的接受能力，确保项目既能挑战学生的专业水平，又能符合其学习阶段的能力要求。此外，项目要紧跟行业的发展趋势，以确保学生的学习内容和技能符合当前市场和行业的需求。例如，随着人工智能和大数据的迅猛发展，学校可以选择有关数据分析和机器学习的项目，帮助学生提升这些前沿技术的实际应用能力。

2. 项目管理与监督

项目管理与监督在项目驱动教学中扮演了至关重要的角色。为了确保项目能够顺利进行并按时完成，学校需要为项目的实施设计合理的进度安排和目标要求。学生在进行项目时，往往需要处理复杂的任务和协调多个环节，因此，学校必须为其提供清晰的时间表和项目目标，使学生能够更好地掌握项目的整体方向。定期的进度检查和监督是确保项目质量的重要手段。通过不断地反馈和讨论，学生能够及时调整自己的工作进度和任务分配，避免在项目中出现时间延误或任务疏漏。

学校可以设置专门的项目负责人或导师，负责项目的整体管理与监督，确保项目目标的达成和任务的顺利完成。导师在项目实施过程中不仅需要为学生提供学术指导，还应当在技术实施和方法论应用上给予支持，帮助学生更好地理解项目的核心要点。项目管理还要重视资源的合理配置，学校和企业应为项目提供所需的技术设备、资料支持和环境保障，确保学生能够在充分的资源支持下完成项目任务。

3. 企业参与度

企业在项目驱动教学中的参与至关重要。企业的参与不仅能够为学生提供行业经验，还能确保项目内容紧密结合行业需求。在项目设计阶段，企业可以根据自己的实际需求，提供项目的框架和内容，使项目具备较强的行业相关性。例如，在电子商务平台的市场分析项目中，企业可以提供平台的真实数据，帮助学生从企业的角度出发，进行数据分析和策略设计。此外，企业可以安排专业的技术人员和行业专家参与项目的实施过程，向学生传授实际操作中的经验和技巧，帮助学生更好地理解项目的实施过程和应用场景。

企业的参与还能增强学生对未来职业的认知和准备。通过与企业专家的接触，学生能够获取行业发展的最新动态和市场趋势，进一步拓宽他们的职业视野。企业导师可以为学生提供宝贵的职业指导，帮助学生在项目实施过程中更好地规划自己的职业路径。企业的参与不仅使学生从中受益，其自身也能够在这个过程中发现潜在的人才，提前对学生进行评估和选拔，从而降低未来的招聘成本。

4. 评估与反馈机制

评估与反馈机制是项目驱动教学中的一个重要组成部分。通过建立科学的评估体系，学校能够客观地评价学生在项目中的表现和成果，同时为学生提供具体的改进建议和指导。在项目实施过程中，评估不仅是对学生工作结果的检验，更多的是对学生学习过程的反馈，帮助学生在实践中提升自身的能力和技术水平。

评估应从多个维度进行，包括项目的完成度、学生的参与度、团队合作情况、创新能力的展示以及项目实施过程中的技术应用等。学校和企业可以共同设定评估标准，在项目结束时，通过成果展示、项目报告和实际操作等方式，对学生的表现进行全面评估。此外，企业导师和学校教师也应定期进行项目评审会议，针对学生的工作进展和效果，提供详细的反馈和改进建议。评估与反馈的双向互动能够帮助学生及时发现问题，改进不足，提升他们的实际工作能力。

（三）项目驱动教学的效果

1. 促进创新能力的发展

与传统教学模式相比，项目驱动教学不仅要求学生学习和记忆已有的知识，更注重学生在实际问题中的应用与创新。通过参与具体项目，学生面临的挑战不再仅限于理论知识的运用，而是要求学生从项目的实际需求出发，提出独到的解决方案。这种教学模式能够激发学生的创新意识，鼓励他们在实际工作中寻求新的方法和思路。例如，在电子商务平台的市场推广项目中，学生被要求通过市场数据分析、消费者行为研究等手段，制定新的营销策略，以提升平台的用户活跃度和销售额。学生不仅需要运用自己所学的市场营销理论，还要根据电子商务行业的具体情况，创新性地设计适合目标群体的推广策略。这一过程不仅展现了学生在工作中的创造力，还帮助他们学会了如何在工作中灵活应对复杂的市场需求和挑战。创新思维的培养成为项目驱动教学的一项重要成果，为学生的职业生涯打下了坚实的基础。

项目驱动教学的创新效果不仅体现在学生提出创意解决方案的能力上，更体现在其对问题的深度理解和多维度分析的能力上。学生需要通过多角度思考问题，从不同的专业视角出发，设计出最具可行性和效果的解决方案，这种能力的提升将使学生在日后的工作中具备更强的适应性和创新能力。

2. 增强团队协作能力

项目驱动教学强调团队合作的精神。在大多数项目中，学生不是孤立工作，而是需要在团队中分工合作，共同完成任务。团队成员各自承担不同的职责，并通过密切合作来达到共同目标。这种工作模式培养了学生的团队协作精神，提升了他们的沟通、协调与协作能力。在实际工作中，几乎所有的任务都要求团队成员高效配合，这使团队协作成为职业生涯中不可或缺的技能。例如，在一个由电子商务企业主办的市场分析项目中，学生需要与团队成员共同完成市场调研、数据收集、分析报告的撰写等任务。团队成员之间需要通过有效的沟通来协同完成任务。在讨论过程中，学生不仅能够吸取其他同学的意见和建议，还能通过自己的专业知识为团队提供新的思路。在项目驱动教学过程中，学生能够在解决实际问题的同时，增强彼此之间的信任与理解，逐步提升团队的合作效率。这种团队协作的能力是学生在项目过程中最重要的收获之一，也是日后进入职场必备的关键技能。

在项目驱动教学中，学生的角色不仅是执行任务的个体，更多的是与团队成员共同思考、交流、制定战略和执行决策的合作者。这种合作精神的培养，有助于学生在未来的职业生涯中更好地融入团队工作，提升团队效能，也帮助学生发展出良好的职业素养和人际沟通能力。

3. 提高就业竞争力

项目驱动教学的实施大大增强了学生的就业竞争力。通过参与具有实际意义的项目，学生不仅能够掌握学术知识的应用，还能积累丰富的实践经验。在项目驱动教学过程中，学生不仅了解了行业的工作环境，还学会了如何应对行业中的各种挑战，培养了自己的专业能力和职业素养。这种通过实践积累的经验，使学生在求职市场上具备了更强的竞争力。例如，在某高校与电子商务平台合作的项目中，学生不仅学习了电子商务平台的运营流程，还深入参与了市场分析、用户行为研究、数据分析等多个环节。这些实践经历不仅让学生深入了解了电子商务行业的运作机制，也让他们在求职时能够展示自己的实际经验和项目成果，从而增强了就业竞争力。企业在面试过程中更加看重学生的实践能力，而不仅仅是学术成绩和理论知识。通过项目驱动教学，学生可以通过展示自己在实际项目中的经验与成果，提升自己的求职竞争力。在项目的完成过程中，学生也在不断培养他们的时间管理能力、问题解决能力等职场必备能力。企业对于具有丰富项目经验和实践能力的毕业生更加青睐，这使学生能够在就业市场中脱颖而出。

第四章　提高电子商务专业学生专业技能与实践能力的策略

第一节　课程内容与行业需求的对接

一、行业需求分析的重要性

（一）帮助学校了解行业发展趋势

行业需求分析对于学校了解行业发展趋势、把握技术和市场脉搏至关重要。在电子商务行业，随着数字化、智能化的不断深入，技术的进步对产业结构和市场需求产生了深远影响。例如，大数据、人工智能、区块链等新兴技术的普及，使市场对相关技术人才的需求显著增加。这些新兴技术不仅改变了企业的运营模式，也推动了消费者需求和购物行为的变化。学校通过行业需求分析，能够了解这些技术的实际应用场景，预测未来技术的发展方向和行业人才的具体需求，及时将这些内容纳入课程体系之中。例如，在大数据和人工智能的应用逐步深化的背景下，电子商务企业对数据分析师、人工智能工程师、智能物流管理人员等岗位的需求愈加强烈。学校可以通过与行业企业的合作，分析行业内实际项目和技术应用，了解到哪些技能是行业迫切需要的，哪些技术将成为未来的竞争优势。基于此，学校能够及时调整专业课程，增加关于数据科学、人工智能、机器学习等技术的学习内容，确保学生毕业时能够与行业需求紧密对接，具备进入相关企业的能力。行业需求分析有助于学校预见新的商业模式或市场需求，提前进行课程内容的规划和调整。例如，随着跨境电商的迅猛发展，学校可能需要在课程中增加关于国际物流、外贸政策、跨境支付等内容，以培养具备国际化视野和操作能力的人才。

（二）明确企业对人才的具体要求

行业需求分析不仅能够帮助学校了解行业的整体发展趋势，还能帮助学校明确企业对人才的具体要求，进而调整课程内容和培养方案，提升学生的实际工作能力和就业竞争力。企业通常对电子商务人才有着明确的技能要求，这些要求通常包括理论基础、技术能力、实践经验等多方面的内容，而学校如果不能准确理解并响应这些要求，所培养的学生就可能无法满足企业的实际需求。例如，现代电子商务的运营中对数据分析、数字营销、用户体验设计等技能的需求日益增加。电子商务平台需要大量能够通过数据分析帮助平台优化运营和提升销量的专业人才。同时，随着消费者需求的变化，企业对于能够策划和执行精准营销的专业人才需求愈加迫切。学校在了解企业对人才的需求后，可以在课程中增加数据分析方法、数字营销技巧、SEO 优化、社交媒体营销等内容，以确保学生能够掌握这些技能，从而提升其进入电子商务企业的竞争力。

进一步说，随着电子商务业务的全球化发展，企业对具备跨境电子商务运营和国际物流管理能力的人才需求也越发强烈。例如，跨境电子商务平台需要员工具备外贸单证操作、国际支付、海关政策等方面的知识。在这种背景下，学校应通过行业需求分析，增加跨境电子商务、国际物流管理、全球市场营销等相关课程的设置，培养具备国际化视野的电子商务人才，满足全球化电子商务企业的用人需求。

除了技术和专业能力的要求，企业在招聘时还非常注重学生的职业素养和综合能力。例如，电子商务企业往往更看重能够跨部门沟通、协调和团队协作的人员。在这一点上，学校应通过行业需求分析，明确企业对职业素养的具体要求，如良好的沟通能力、项目管理能力、创新能力等，进而将这些能力的培养融入教学中，培养学生在实际工作中的适应能力和综合素质。行业需求分析有助于学校及时调整课程内容，注重对学生实践能力的培养。随着电子商务行业的快速发展，企业不仅看重应聘者的理论知识，还注重其实践经验。学校可以通过增加更多实践课程、实训项目和企业实习机会，帮助学生更好地理解行业需求和技术应用，提升其实际操作能力。例如，学校可以与电子商务企业合作，提供企业真实的项目，学生可以在实习中参与企业的运营管理、数据分析、市场调研等实际工作，从而提升其就业竞争力。

二、行业需求分析的方法

（一）企业调研与访谈

企业调研与访谈是进行行业需求分析的重要方法之一。通过与企业管理者、技术专家以及人力资源部门等相关人员的深度访谈，学校能够直接获取企业对人才的具体需求。这些访谈不仅提供了关于行业现状的第一手资料，还能揭示企业对新兴技能和专业人才的期望。通过访谈，学校可以深入了解企业对电子商务领域各类职位的要求，包括技术能力、职业素养、创新能力以及行业特定的知识和实践能力。尤其是在电子商务行业，企业对数据分析、市场营销、数字化技术等领域的需求持续增长。通过对电子商务平台的管理人员、技术专家和运营经理的访谈，学校可以准确把握这些需求，并据此设计课程内容。此外，企业调研与访谈具有很强的真实性和针对性。与企业的直接沟通能够帮助学校获取最贴近行业需求的资料，避免现实的教学内容脱离市场。通过对企业高层管理者或人力资源部门的定期访谈，学校可以实时掌握行业的动态变化及未来发展趋势，进而及时调整课程设置，确保培养出的毕业生具备符合市场需求的核心能力。例如，学校可以与电子商务平台的技术负责人进行定期交流，了解平台最新的技术发展与人才缺口，进而增加相关课程，如大数据分析、机器学习等，以提升学生的就业竞争力。

企业调研也可以通过线上调研、问卷调查等形式进一步补充访谈所缺失的其他信息。通过多渠道收集信息，学校可以全面分析行业趋势，进而设计符合企业需求的课程体系。通过对企业调研数据的系统整理和深入分析，学校能够保持与行业的紧密对接，确保人才培养能够与行业标准高度一致。

（二）数据分析与行业报告

数据分析与行业报告提供了一个更加客观、量化的方式来了解行业需求变化。行业报告通常由专业市场研究公司、行业协会或政府部门发布，这些报告涉及行业趋势、技术进展、市场规模、人才需求等多个方面的内容。学校可以通过系统分析这些行业报告，获取关于行业发展方向、技术演变和市场需求的详细数据。例如，市场研究报告可能揭示电子商务行业在移动电子商务、跨境电子商务等领域的快速增长，这为学校调整课程内容、引入新技术提供了有力依据。行业报告还可以帮助学校识别行业内存在的人才短缺和市场空缺。例如，某一地区的电子商务平台可能因数据分析师的短缺而面临业务拓展瓶颈，学校可以基于该信息，增加数据科学、人工智能和机器学习等相关课程，以满足行业对高技能人才的需求。此外，通过对不同电子商务平台的数据分析，学校能够了解哪些技能更为重要。例如，如果行业报告显示大部分电子商务企业更倾向于招聘具有强大社交媒体运营经验的营销人才，学校就可以有针对性地增加相关课程，帮助学生提升社交媒体策略、内容创作及分析能力。

市场调研数据同样能为课程设计提供科学依据。例如，某平台的用户行为数据揭示对特定技能岗位的需求上升，学校可以通过分析这些数据来优化课程内容。利用大数据技术和分析工具，学校可以进一步预测未来技能需求的变化，制订长远的课程发展规划。随着信息技术的快速发展，学校应不断更新自己的数据分析能力，采用更先进的分析方法与工具，确保自己能够准确捕捉行业的变化并及时作出响应。

（三）毕业生跟踪调查

毕业生跟踪调查是一种非常有效的行业需求分析工具，它通过获取毕业生的就业情况和职业发展路径，帮助学校了解教育内容与行业需求的匹配度。这种方法具有长期性和可操作性，不仅能在短期内反映出课程设置的有效性，还能够为学校的课程优化提供长期反馈。通过对毕业生的就业情况、职业发展轨迹及工作中所需技能的跟踪，学校能够发现课程中的不足，并在此基础上作出改进。通过跟踪调查，学校能够识别行业需求中存在的技能差距，调整课程设计，以确保学生在毕业后能够迅速适应职场要求。例如，某学校在进行毕业生跟踪调查时发现，大部分毕业生在进入电子商务平台后都出现对数据分析能力欠缺的问题，导致无法快速适应岗位需求。基于这一反馈，学校可以调整课程设计，加强数据分析和数字营销相关的教学内容，帮助未来的毕业生在毕业时具备更强的实践能力。这一调查结果可以作为学校课程设置调整的重要依据，使学校能够不断优化教育内容，确保毕业生具备更强的行业适应性。

毕业生跟踪调查还能为学校提供与行业需求的直接对接渠道。学校可以通过定期收集和分析毕业生的反馈，发现哪些技能和知识对学生的职业发展更为重要，从而不断完善课程体系，提升教育质量。通过对毕业生的职业发展轨迹进行追踪，学校不仅能够优化课程内容，还能建立起持续反馈机制，与企业保持紧密合作，共同推动人才培养的精准性和前瞻性。

三、课程设计与行业需求的结合

（一）核心课程与行业标准的结合

1. 以行业需求为导向的课程设计

随着电子商务的快速发展，尤其是在平台运营、数字营销、物流管理等领域，行业对人才的要求愈加细化和专业化。高校在设计电子商务课程时，应该充分考虑行业需求，确保课程内容不局限于理论知识，将行业实际操作的技能同时引入到课堂教学中。比如，“电子商务平台运营”课程需要教授学生如何设计和运营一个电子商务平台，如何管理平台上的产品和商家，如何分析流量数据并进行优化。与此同时，学生还需要掌握“数字营销”课程中的内容，学会如何通过数字广告、社交媒体、内容营销等方式吸引用户并提升销售能力。

在如今的电子商务行业中，越来越多的企业依赖于大数据和智能分析来优化决策来提升竞争力。为了让学生能够更好地融入这些技术驱动的环境，高校必须将数据分析和商业决策的课程设计纳入电子商务专业的核心课程体系中。通过这类课程的设置，学生能够学习如何使用数据分析工具处理大量的电子商务数据，如何从中提取有价值的信息，如何运用这些信息优化营销策略、提高客户体验并实现更好的商业决策。比如，在“数据分析与商业决策”课程中，学生不仅需要掌握数据分析工具的使用，还需要通过实际案例学习如何结合市场数据、消费者行为数据等，作出合理的营销决策。课程设计还应紧跟大数据时代的发展步伐，帮助学生熟悉如何使用数据科学技术优化电子商务平台运营。例如，开设“市场调研与数据应用”课程，帮助学生掌握如何开展市场调研，如何分析竞争对手、消费者需求以及行业趋势，并将这些调研结果转化为具体的业务决策。

2. 与行业需求结合的跨学科课程设计

为了培养具备复合型技能的人才，高校在课程设计时应该强调跨学科的融合，尤其是在电子商务这一领域。随着信息技术、心理学、市场学等学科的深度融合，跨学科课程的设置能帮助学生更全面地理解和掌握电子商务行业中的多元化知识。例如，“电子商务与信息技术应用”课程不仅教授学生电子商务平台的运营策略，还向学生介绍信息技术如何推动电子商务业务的发展。通过该课程，学生能够理解信息技术如何在电子商务平台中实现商品信息的流转、支付系统的搭建、数据的采集与分析等，并能够将这些技术与电子商务平台运营进行深度结合。

随着消费者行为对电子商务行业影响力的不断增强，理解和预测消费者心理已成为电子商务行业中至关重要的一环。因此，学校应当开设“消费者行为与心理学”课程，帮助学生理解消费者的购买动机、决策过程以及消费趋势的变化。这门课程不仅涉及消费者的基本行为模式，还教授如何运用心理学原理优化电子商务平台的营销策略。通过学习该课程，学生能够更精准地分析用户需求，制定出符合消费者期望的营销策略，增强企业与消费者之间的互动性和黏性。跨学科课程的设计不仅是在传统课程的基础上进行知识点的延伸，还要求教师和学生具备跨学科的思维方式。通过这种课程设计，学生能够培养出跨领域的思考能力，并能在未来的工作中灵活运用不同学科的知识，解决复杂的业务问题。

（二）行业前沿技术的引入

1. 技术更新对课程设计的推动作用

技术的更新和创新为电子商务行业带来了前所未有的变革。随着技术的不断进步，企业对人才的要求也在发生转变，尤其是在数据分析、智能化操作和区块链等技术的应用领域。电子商务行业需要掌握前沿技术的人才，这要求学校必须根据行业发展的趋势和技术更新的步伐调整课程设置和内容。因此，技术的更新不仅推动了行业发展，也直接影响高校课程设计的方向。为应对这些技术的快速变化，学校必须与时俱进，将前沿技术融入电子商务专业课程中，使学生能够紧跟技术发展潮流，获得行业所需的核心能力。

人工智能、大数据分析和区块链技术的引入，为课程设计提供了新的视角和内容，尤其是在电子商务平台运营、个性化推荐、数据驱动的决策制定等领域，学校应根据行业对技术的需求开设相关课程。这些课程不仅要涵盖技术的基本概念，还应注重技术在实际应用中的操作方法和商业价值。例如，“大数据分析与商业决策”“人工智能与电子商务”等课程，都是在技术更新背景下应运而生的课程，它们让学生能够理解并应用前沿技术，从而提升其在就业市场中的竞争力。因此，技术更新的推动作用使课程设计不仅需要紧跟技术发展，还要注重学生实际应用能力的培养。

2. 大数据、人工智能与区域链技术的应用

大数据技术在电子商务行业的应用，已成为提升企业竞争力的关键因素之一。大数据通过对海量数据的挖掘与分析，能够帮助企业从中获取有价值的洞察，以指导市场策略、优化运营流程以及改进客户体验。例如，电子商务平台可以通过数据分析来预测消费者的购买行为，制定精准的个性化营销策略，提升客户满意度并增加销售额。大数据在电子商务行业的核心作用，不仅体现在数据采集和处理上，更体现在将分析结果转化为具体的商业行动和决策上。因此，高校在培养学生时，应重点开设“大数据分析”课程，教授学生如何利用大数据技术进行市场趋势分析、消费者行为预测、精准营销等。通过“大数据分析”课程，学生将掌握使用数据挖掘技术和统计分析工具来分析消费者数据、销售数据、用户互动数据等，并从中提取商业价值。课程内容应包括数据预处理、数据建模、数据可视化以及如何将分析结果与电商平台的实际运营相结合，从而提高企业的市场响应能力和决策水平。

与大数据技术相辅相成的是人工智能技术，特别是机器学习、自然语言处理和深度学习等技术，正在被广泛应用于电子商务领域。人工智能技术在电子商务中的应用尤为突出，尤其是在个性化推荐、智能客服、供应链优化和精准广告投放等方面。通过机器学习算法，电子商务平台能够分析用户的历史行为，预测其未来需求，进而推送个性化的商品推荐。智能客服则利用自然语言处理技术，通过自动化聊天机器人为用户提供即时帮助和服务，减轻人工客服的负担，提升用户体验。

区块链技术作为近年来兴起的重要技术，正在为电子商务行业带来深刻的变革。区块链技术的核心特点是去中心化、不可篡改和加密透明，这些特点使区块链技术在支付系统、供应链追溯和安全交易等方面具有独特的优势。尤其是在电子商务平台，区块链技术能够有效解决传统支付系统中的安全隐患，增强交易的透明度和信任度，降低欺诈行为的发生率。

区块链在电子商务行业中的应用尤为重要。首先，在支付系统方面，区块链技术能够提供更安全、快捷和低成本的支付服务。通过智能合约，电子商务平台

可以实现自动化支付流程，避免人为干预，减少交易风险。其次，在供应链管理中，区块链技术可以提高商品流通的透明度，使商品的生产、运输和销售过程都能够追溯，从而确保商品的质量和来源可控。最后，在保护用户数据方面，区块链技术能够提供更加安全的数据存储和加密服务，确保消费者隐私不被泄露。为了帮助学生理解区块链技术的应用，学校应开设“区块链技术与电子商务应用”课程。该课程应首先讲解区块链的基本概念和工作原理，包括区块链的去中心化、共识机制、加密算法等核心技术。接着，课程将深入探讨区块链技术在电子商务平台中的具体应用场景以及如何利用区块链技术提高支付安全、优化供应链管理、简化支付流程等。

第二节　案例教学与实战演练的结合

一、实战课程的设计原则

（一）真实性

真实性是实战课程设计中的首要原则，它要求课程内容能够最大程度地还原电子商务行业中的实际工作场景，使学生能够在学习过程中模拟并体验到真实的工作环境。这一原则的核心在于，通过模拟现实的工作流程，使学生能够在课堂上获取和行业一样的工作经验，提升其对行业的理解和适应能力。

在电子商务行业中，从商品上架、页面设计、客户下单、订单处理到售后服务等环节都是电子商务运营中不可或缺的部分。为了实现这一目标，实战课程设计应当尽量将这些工作流程融入课程内容。例如，通过搭建一个虚拟的电子商务平台，学生可以在其中从头到尾完成整个业务流程，亲身感受到电子商务运营中的各个环节是如何协同工作的。在这个过程中，学生能够实际操作平台的各个功能模块，从管理商品信息、编辑页面内容、进行广告投放，到处理客户订单、处理售后问题等，全面参与电子商务平台的日常运营。

课程设计中的工具选择同样非常重要。例如，使用真实的电子商务后台管理系统、数据分析软件等进行操作教学，能够让学生熟悉行业标准和工具，培养他们的实际操作能力。通过这种方式，学生不仅能学习到理论知识，还能通过实践了解实际工作中可能遇到的困难和挑战，从而提升解决问题的能力。这种高度模拟的实战训练，将帮助学生更快适应真实的工作环境，缩短从学术到实践的适应期。

真实的行业案例是实战课程中的关键组成部分。课程可以引入当前市场上实际运营的电子商务案例进行分析，帮助学生了解行业的最新动态、成功案例和失败案例的经验教训。通过案例的分析，学生可以更深入地理解行业规律，并将这些理论与实践相结合，增强他们的职业敏感性。

（二）综合性

电子商务行业的运营涉及多个环节，从产品采购、库存管理到市场营销、客户服务，每一个环节都对企业的生存和发展至关重要。因此，单一的课程内容往往难以全面提升学生的综合能力。为了解决这一问题，实战课程应设计为综合性的课程，涵盖电子商务的各个方面，确保学生能够在一个全面的框架下理解和掌握电子商务运营的各个环节。例如，课程内容可以结合市场分析的技巧、运营数据的处理方法、客户服务的技巧和物流管理的知识，设计一个完整的电子商务运营项目。在这个项目中，学生不仅要运用市场调研工具分析市场趋势、制定营销策略，还需要管理电子商务平台的订单和客户关系，甚至根据数据分析结果对营销策略进行调整。通过这种跨领域的学习，学生能够全方位了解电子商务运营中的各个环节是如何互相连接和协作的，从而培养其多任务处理和协作能力。

综合性课程的设计应注重跨学科知识的融合。电子商务不仅是一个营销工具，还涉及技术、设计、法律、经济等多个领域。为了帮助学生适应这个多维度的工作环境，实战课程需要涵盖多个学科的内容。例如，学生可以学习“市场营销与数据分析”课程，在该课程中学生不仅能掌握数据分析的基本方法，还能理解如何运用这些数据来制定市场营销策略。又如，在“客户关系管理与售后服务”课程，通过模拟处理客户投诉、优化用户体验等情境，可培养学生处理客户问题的实际能力。此外，随着电子商务行业对物流和供应链管理的重视，课程设计中也应加入关于物流和供应链管理的内容。

（三）互动性

互动性是实战课程设计中的重要原则，它强调学生之间、学生与教师之间以及学生与企业之间的互动。传统的教学模式往往侧重于教师单向传授知识，而实战课程则应注重师生之间、学生与学生之间、学生与企业之间的互动。这种互动不仅能够提升学生的参与感，还能促使学生在交流和合作中更好地理解和掌握知识。

互动性教学的核心是通过鼓励学生积极参与和交流，让他们在实践中更深刻地理解课程内容。例如，在电子商务营销策略的教学中，学生可以分组讨论不同的营销方案，并通过模拟实践来检验其效果。在角色扮演中，学生可以分别扮演电子商务平台的运营经理、客户服务代表、市场分析师等角色，模拟团队协作，共同解决电子商务运营中的问题。通过这种互动性学习，学生不仅提升了沟通协作能力，还能够激发创新思维，帮助学生更好地应对未来工作中的挑战。

互动性可以通过实际项目来增强。在课堂中，教师可以设计团队合作项目，让学生组成小组，共同完成一个电子商务平台的运营任务。这些任务可以涵盖从市场调研、产品设计、用户体验优化、供应链管理到广告投放等多个方面，要求学生在有限的时间内综合运用他们所学的知识和技能。通过这种项目化学习，学生不仅能学到实际技能，还能够培养团队协作精神，提高跨职能合作的能力。

互动性教学尤其要重视的是学生与行业专家和企业的互动。通过定期邀请行业专家举办讲座和座谈，学生能够获得更为真实和具体的行业反馈，了解最新的行业动态和趋势。在实战课程中，学生可以通过参观电子商务企业的实际运营，进行企业实习和社会实践，将所学知识与现实操作结合，提升实际工作的能力。

二、案例教学的基本模式与方法

（一）案例选择

1. 选择具有代表性的案例

在选择案例时，首先要确保案例能够代表行业典型问题。这类案例通常反映了行业内的一些普遍现象，能够为学生提供一个全面而深刻的视角。例如，在电子商务领域，一个成功的电子商务平台案例常常能展示其在市场竞争中的独特优势，如通过品牌塑造、市场细分以及不断优化的用户体验和技术支持等来脱颖而出。以阿里巴巴和京东为例，这些平台通过创新的商业模式、强大的技术支撑、精准的市场定位等手段，成功实现了从创业公司到行业引领者的跨越。通过这些具体的案例，学生可以深刻理解市场竞争的复杂性，认识到在快速变化的市场环境中，企业如何通过创新与应变建立长期竞争力。

其次，案例选择应当紧跟当前电子商务行业的新趋势。例如，近年来，社交电子商务和直播带货等新兴商业模式在电子商务行业中崭露头角。通过分析如拼多多、淘宝直播等平台的案例，教师能够帮助学生理解这些新型电子商务模式如何突破传统电子商务的限制，利用社交平台和视频直播吸引用户，创造出更具吸引力的购物体验。这类案例不仅能展示新的商业模式如何影响市场，还能揭示如何借助社交网络与消费者建立更紧密的联系，从而推动销售和品牌建设。这些成功的新兴电子商务案例，不仅能帮助学生把握行业发展的脉搏，还能激发学生思考未来电子商务行业的新机遇和挑战。

最后，在选择案例时还应注重案例的多样性。电子商务行业日新月异，新的商业模式和技术不断涌现，选择能够反映行业最新动态的案例，可以让学生对行业的发展趋势有更为全面的了解，培养其前瞻性的思维。例如，随着人工智能、大数据、区块链等技术的迅猛发展，电子商务平台的运营模式发生深刻的变化。通过引入这些技术的应用案例，学生不仅能了解前沿技术如何优化电子商务平台的运营，还能掌握如何将技术与业务发展紧密结合，提高平台的运营效率和用户体验。

2. 既要选择成功案例，也要选择失败案例

成功案例在教学中无疑能激发学生的兴趣，但失败案例同样是宝贵的学习资源。通过分析成功案例，学生能够学到如何在激烈的市场竞争中脱颖而出，如何创新和实施有效的营销策略，如何利用数据分析来优化决策等。然而，失败案例同样能够帮助学生更好地理解电子商务运营中的潜在风险，并提供解决问题的思路。一些电子商务平台可能在短期内实现了较为迅速的增长，但没有持续优化其产品、服务或用户体验，导致用户流失和市场份额下降。通过深入分析这些失败案例，学生能够学到如何在快速发展的环境中保持战略的灵活性，如何根据用户需求的变化及时调整产品或服务，避免企业在成长的过程中失去竞争力。例如，在分析一个平台的失败案例时，学生可以从营销策略的单一性、技术平台的可扩展性以及缺乏创新的业务模式等角度进行反思，从而更好地理解电子商务平台的运营风险和可持续发展战略。

3. 根据学生的学习阶段调整案例难度

案例的难度应当与学生的学习阶段相匹配。学生在学习的不同阶段，理解能力、知识积累和实践能力存在差异，因此案例的选择应根据学生的实际情况进行调整。对于初学阶段的学生，教师可以选择一些相对简单的案例，帮助学生从宏观上理解电子商务行业的基础运作和流程。例如，可以选择一个传统的电子商务平台案例，重点分析其商品上架、库存管理、支付系统等基本功能的实现，帮助学生理解电子商务平台的基本构成和操作流程。这些简单的案例有助于学生熟悉电子商务行业的基本概念，培养其实践操作的能力。

当学生进入更高学习阶段时，他们对电子商务行业的理解已经具备一定的深度和广度，可以应对更加复杂的案例分析。在这个阶段，教师应选择那些涉及市场竞争、技术创新、数据分析等多个维度的案例，以帮助学生理解电子商务运营中遇到的挑战和解决方案。此时，案例分析不是对电子商务运营流程的简单剖析，而是要深入探讨如何通过技术创新、数据分析、用户行为研究等方式提升电子商务平台的竞争力。例如，教师可以选择某电子商务平台如何通过大数据分析优化用户体验、通过人工智能算法提升精准营销效果的案例。

在高级学习阶段，学生将面临更多关于策略决策、跨界合作、资源整合等复杂问题的探讨。教师可以通过选择这些更为复杂的案例，帮助学生学习如何在多变的市场环境中进行战略规划、风险预测和决策制定。这些案例能够培养学生在复杂情境下运用所学知识的能力，使他们在毕业后能够快速适应工作中的挑战。

（二）案例分析

1. 理论与实践相结合

案例分析的核心在于理论与实践相结合。电子商务作为一个实践性极强的学科，学生必须将所学的理论知识与实际案例相结合，通过实际操作和数据分析解决问题。在这一过程中，教师的引导非常重要，教师应鼓励学生将课堂上学到的理论知识灵活运用到具体的案例分析中。例如，在分析某电子商务平台的用户流失问题时，学生需要首先运用数据分析的方法，收集并分析平台的用户行为数据，找出流失的原因。这要求学生运用数据分析工具（如 SQL、Excel 等），对用户流失的时间段、流失原因（如价格敏感度、体验问题、竞争平台吸引等）进行深入挖掘。分析时，学生不仅要关注数据的表面结果，还应深入挖掘数据背后的深层次原因，如平台的营销策略、定价策略、用户体验设计等因素。

同时，教师可以通过行业背景和技术分析来丰富案例的讨论内容。借助当前大数据、人工智能、区块链等技术的发展，学生可以学习如何结合这些技术手段来优化电子商务平台的运营。比如，在分析物流管理问题时，学生可以利用大数据分析技术来优化库存管理和配送流程，进一步提升运营效率。通过结合行业最新的技术趋势，学生不仅能深入理解电子商务平台运营中的挑战，还能学习如何通过技术创新解决实际问题，提升平台的整体竞争力。

2. 培养创新能力与解决问题能力

案例分析的目的不仅仅是帮助学生回顾和复述所学的理论，更重要的是培养学生的创新能力和解决问题能力。在案例分析过程中，学生应当从不同的角度思考问题，学会多维度地观察和分析问题。特别是在电子商务平台的运营中，学生需要面对的是一个充满挑战和变化的市场环境。在这个环境中，创新思维至关重要，只有具有创新思维的学生，才能在未来的职业生涯中应对行业的各种变化，并提出有效的解决方案。例如，在分析某电子商务平台的市场竞争力时，学生可以从多个维度进行探讨：从产品设计角度，学生可以思考平台如何通过差异化的产品设计满足用户需求，提升产品的市场吸引力；从营销策略角度，学生可以探讨平台如何通过精准的市场定位和有效的广告策略吸引并留住用户；从用户体验的角度，学生需要分析平台的用户界面、支付体验、售后服务等环节，提出改进方案。通过对比不同的解决方案，学生能够培养创新思维，提出更加合理、有效且具有创新性的方案，而不仅仅是传统的、依赖于过往经验的做法。

案例分析还能够帮助学生提高其解决复杂问题的能力。在电子商务行业，市场的变化是常态，技术的更新速度也极快。学生在案例分析过程中，能够通过对复杂问题的解决方案进行系统化分析，学习如何在快速变化的环境中作出决策。例如，针对一个电子商务平台用户黏性不足的问题，学生需要分析市场趋势、用户需求以及竞争态势，从而提出创新的营销方案或者用户体验优化策略。这种从多角度、多维度分析问题并提出解决方案的训练，有助于学生在面向未来的复杂工作时，能够灵活应对并有效解决问题。

3. 引导学生发现问题并提出解决方案

在案例分析的过程中，教师应鼓励学生主动发现问题，并提出创新的解决方案。这不仅能提高学生的分析能力，还能帮助他们培养独立思考能力和批判性思维能力。在实际工作中，发现问题是第一步，提出有效的解决方案才是最关键的。通过案例分析，学生可以学习如何在复杂的工作环境中识别问题的本质，并提出切实可行的解决方案。例如，在分析一个电子商务平台的用户增长问题时，学生不仅要找出其用户增长放缓的原因，还需要根据市场数据、用户行为分析以及行业发展趋势，提出切实有效的解决方案。在这个过程中，学生需要结合数据、技术、市场信息等多个方面进行分析，提出具体的改进措施。比如，学生可以建议平台优化其产品推荐算法，增强个性化推荐功能；或者通过改善平台的客服体系，提高用户满意度，进而增加用户留存率。更进一步，学生还可以根据目标用户群体的需求，设计新的产品或服务，以吸引更多的潜在用户。这种训练帮助学生掌握如何在面对复杂问题时，有条理地进行问题分析和方案设计。同时，教师可以引导学生学会运用行业内的最佳实践和先进技术手段来优化解决方案。

案例分析作为教学过程中的重要环节，不仅帮助学生掌握知识，还能通过实践训练提升学生的综合能力。通过理论与实践相结合，学生不仅能学会如何运用所学知识分析实际问题，还能培养创新思维，提升解决问题的能力。学生通过案例分析的训练，终将能够应对未来职场中的各种挑战，在电子商务行业的激烈竞争中占据一席之地。

（三）案例讨论

1. 促进学生参与和形成多角度思维碰撞

案例讨论的核心是学生的积极参与和多角度的思维碰撞。在电子商务教育中，学生必须从不同视角来分析问题。教师的任务是通过精心设计的讨论环节，激发学生从多个维度出发，提出自己对问题的看法，并与同学进行深度交流。例如，在讨论一个电子商务平台的营销策略时，教师可以安排学生分别从不同的角色视角（如普通用户、商家、运营团队等）进行分析。这种方法不仅让学生理解各方利益的交织，还能够帮助他们看到不同利益相关者在电子商务平台运营中的作用和需求。

从用户角度出发，学生可以分析平台如何根据用户需求进行个性化推荐，提升用户黏性和购买转化率；从商家角度，学生可以探讨平台如何通过精准的市场定位和营销工具来增加商家的销售额；从运营团队角度，学生可以思考平台如何优化运营策略，提升效率、降低成本，同时增强品牌的市场影响力。通过这种角色扮演式的分析，学生不仅能够拓宽自己的思维方式，更能通过不同群体的需求和利益出发，综合考虑解决方案的多样性和可行性。通过小组讨论、辩论等方式，学生能够在集体讨论中充分发挥个人主观能动性，提出独到的见解，并通过与同伴的思想碰撞，形成更加全面的认知。教师应当营造一个鼓励学生大胆发言、自由讨论的氛围，让学生能够自由地表达自己的观点，批判他人的意见，从而促进更深入地思考。多角度的思维碰撞往往能激发学生对问题的不同解读，使他们能够看到问题的多面性，并得出更加全面和细致的结论。

2. 提升批判性思维和解决问题的能力

案例讨论的另一个重要作用是培养学生的批判性思维。批判性思维的核心在于质疑现有观点、分析各种可能的解决方案，并通过逻辑推理作出最终决策。在电子商务教育中，学生不仅需要理解行业的现状和规律，还需要学会从多个角度审视问题，识别潜在的风险，提出具有建设性和创新性的解决方案。

在案例讨论过程中，学生通过小组讨论和辩论，能够学会如何从不同的角度审视问题。例如，在讨论某电子商务平台的营销策略时，学生可以提出几种不同的解决方案。通过对比分析这些方案的优缺点，学生能够理性地评估每种方案的适用性和可操作性，最终形成一致的决策方案。在这个过程中，学生不仅能够学到如何分析问题、提出解决方案，还能够学会在面对复杂情况时，如何理性决策、选择最优方案。

批判性思维能够帮助学生提升解决问题的能力。在电子商务行业中，问题往往是复杂的、多维的，在解决问题的过程中需要综合多方面的信息和资源。通过案例讨论，学生能够练习如何在有限的信息中作出准确的判断。例如，讨论平台在营销过程中遇到的用户增长瓶颈时，学生需要结合市场数据、用户反馈和竞争分析，判断现有策略是否适应市场变化，并提出新的战略调整方案。学生通过辩论、反思和分析，能够学会如何从多方信息中提炼核心问题，提出解决方案。

3. 充分发挥教师的引导作用

虽然案例讨论强调学生的主动参与，但教师的引导作用不可忽视。教师不仅仅是知识的传递者，更是学生思维的引导者和启发者。在案例讨论过程中，教师应通过精心设计问题、补充信息和案例引导，帮助学生整理思路、激发思考，并将讨论的重点引导到问题的核心。

教师可以通过提出开放性问题，引导学生深入分析案例中的关键问题。例如，在讨论一个电子商务平台的运营策略时，教师可以提出："如果你是该平台的运营经理，你会如何根据当前的市场数据调整营销策略？"通过这种问题，教师能够帮助学生关注到运营中的关键环节，如市场趋势、用户行为、竞争对手等因素，同时激发学生的创新思维，鼓励他们提出具有实际操作性的解决方案。

教师还可以通过补充案例中未涉及的重要信息，拓宽学生的视野。例如，在分析电子商务平台的物流管理时，教师可以补充关于物流技术的新发展（如无人配送、智能仓储等），激发学生思考如何将这些新技术应用到实际运营中，提升平台的效率和竞争力。通过这种方式，教师不仅帮助学生分析案例中的问题，还能引导他们学习如何将行业最新的技术和发展趋势与实际问题相结合，为未来的职业生涯做好准备。

教师应通过总结和归纳，使学生能够系统地掌握讨论中的要点，并形成全面的分析框架。教师可以通过对学生讨论结果的总结，将案例中的关键问题和解决方案进行梳理，帮助学生在复杂的讨论中完成对核心问题的解答，确保学生能够学以致用。在这个过程中，教师的引导作用至关重要，它不仅帮助学生厘清思路，还能提高他们的综合分析能力和创新能力。

三、案例教学与实战课程的结合

（一）案例导入实战课程

1. 引入真实案例，提供实践背景

在实战课程中，选择合适的案例是实现有效学习的关键。以"电商平台运营"课程为例，教师可以通过引入某电子商务平台的运营案例，帮助学生分析其成功经验和失败教训。案例内容可以包括平台的运营策略、市场定位、用户增长方式、产品设计以及技术架构等方面。在分析成功案例时，学生可以学习该平台如何通过创新的商业模式吸引用户，如何利用大数据和人工智能技术进行个性化推荐，从而提高用户黏性和转化率。同时，失败案例的引入，也能帮助学生了解电子商务平台在运营过程中可能遇到的困难。例如，如何面对激烈的市场竞争，如何解决物流配送瓶颈等问题。通过对这些实际问题的分析，学生可以认识到理论与实践之间的差距，并进一步思考如何将理论知识灵活应用于实际工作中。例如，淘宝和京东这类平台在初期的成功经验和其后在发展中遇到的瓶颈问题，可以作为案例讨论的重点。学生可以从中分析电子商务平台如何在初期吸引用户流量，如何通过品牌塑造建立市场影响力，并了解这些平台如何通过调整运营策略应对市场变化。此外，学生还可以通过学习失败的案例，深入理解电子商务运营中的复杂性和挑战。例如，一些小型电子商务平台未能及时优化供应链管理、未能精准把握用户需求，最终导致用户流失和出现运营困难。

2. 通过案例分析引导学生思考和反思

通过分析实际案例，学生能够更好地理解电子商务平台的各个运营环节如何协同工作，如何应对行业中的不确定性，如何在不断变化的市场环境中作出战略调整。教师在引导学生分析案例时，应鼓励学生提出问题，探讨其中的关键决策点，帮助学生厘清决策背后的逻辑，并根据实际情况提出改进意见。

（二）案例模拟实战场景

1. 模拟实际工作场景，提升学生实操能力

在“数字营销”课程中，教师可以通过案例模拟的方式，设计一场针对某品牌的社交媒体营销活动。学生分组设计营销方案，模拟如何通过社交平台吸引用户，增加品牌曝光率，并评估活动的效果。学生需要从目标市场、用户行为分析、内容创作、社交平台选择、广告投放等多个维度出发，制定详细的营销策略。在模拟过程中，学生可以运用数字营销工具（如 Google Analytics、社交媒体分析工具等）进行数据分析，评估营销活动的效果，如流量增长、用户转化率、广告投资回报率等。通过这种模拟，学生能够学到如何将理论知识转化为实践操作，提升其数据分析能力和市场洞察力。例如，教师可以选择一个电子商务平台推出新产品的案例，要求学生设计一个全面的数字营销策略，涵盖从用户画像分析、社交媒体广告投放到营销活动效果的监测与评估等环节。学生不仅要理论性地分析市场需求，还要实际操作，制订营销计划、选择适当的社交平台、设计广告创意，并监控活动效果。

2. 模拟决策过程，培养多维度思考能力

案例模拟实战场景的另一大优势是能够培养学生的多维度思考能力。在电子

商务行业，任何决策往往都需要考虑多个因素，涉及产品、市场、技术、用户体验等多个维度。在模拟的营销活动中，学生不仅要根据数据分析来调整策略，还要考虑到品牌形象、用户反馈和市场竞争等因素。例如，在模拟某品牌推广过程中，学生需要分析目标用户群体的特征，评估社交平台的用户结构，预测不同广告策略对用户的吸引力，同时还要考虑到竞争对手的市场动作。通过这种模拟，学生能够学会从不同的角度分析和解决问题，增强其全局思维和战略思维能力。此外，模拟实战场景还能够帮助学生学会如何在团队合作中发挥作用。在电子商务行业中，很多工作都需要团队的协作，包括市场调研、产品开发、数据分析、广告投放等。通过小组合作的方式，学生能够在解决实际问题的过程中，锻炼团队协作能力，学习如何在团队中发挥自己的优势，与他人共同制定策略并完成任务。

3. 评估与反馈，提升实战能力

在案例模拟实战场景中，教师应及时对学生的方案进行评估，并提供反馈。评估不仅要关注学生提出的营销策略是否合理，还要评估其分析方法、数据使用、决策过程等方面。教师可以通过设定标准化的评分体系，对学生的方案进行打分，并给出有针对性的改进建议。例如，学生可能在模拟中忽略了某个关键因素，如用户的时区偏好，导致广告投放效果不理想。教师可以通过这样的反馈，帮助学生识别潜在的漏洞并进行调整。此外，学生之间的互评也是一种非常有效的学习方式。在小组讨论后，学生可以互相评审方案，提出不同的看法和建议。

第三节　校企合作中的实际项目参与

一、校企合作项目的设计原则

（一）实用性

校企合作项目的第一个设计原则是实用性。企业与学校的合作应当围绕企业的实际需求进行设计，以确保学生能够通过参与项目解决企业面临的现实问题，同时帮助企业在业务发展中获得实际的效益。这一原则要求项目内容具有明确的行业背景和应用场景，让学生能够直接接触到行业中常见的挑战和任务。例如，电子商务平台运营项目可以要求学生分析某企业的市场竞争力，提出具体的营销策略，帮助企业优化平台设计，提升用户体验；又如，物流管理项目可以让学生通过参与实际的物流调度，优化仓储、配送等环节，提高企业的运营效率。通过这种基于实际需求的项目设计，学生不仅能够巩固课堂上所学的理论知识，还能学习如何将理论转化为实践，提升自己的职业技能。在此过程中，教师应引导学生深入了解企业的业务流程，收集相关数据，分析企业面临的问题，并根据市场需求和企业状况提出改进方案。项目的实用性不仅能增强学生的专业能力，还能提高他们的就业竞争力，因为他们可以在实践中了解企业运营的真实场景，积累宝贵的经验。

（二）综合性

校企合作项目的第二个设计原则是综合性。一个成功的校企合作项目不应仅涵盖单一的知识或技能领域，而应涉及电子商务的多个环节，这样可以帮助学生全面了解和掌握电子商务平台运营的各个方面，培养学生的全局观和综合能力。例如，一个综合性的电子商务项目可能涵盖市场分析、平台运营、客户服务、数据分析、供应链管理、网络营销等多个方面。在项目中，学生将需要结合这些知识领域，协调各个环节，提出并实施可行的解决方案。这样的设计有助于学生从多个角度理解电子商务运营的复杂性和全局性，培养他们的跨学科思维和团队协作能力。又如，在一个电子商务平台优化项目中，学生需要首先进行市场调研，了解竞争对手的运营模式和市场需求；其次，学生要分析平台的运营数据，优化用户体验；再次，学生要设计一套新的市场营销策略，通过大数据分析和社交媒体传播提升平台知名度；最后，学生还需要考虑平台在订单处理和物流配送方面的优化方案。这一过程中，学生需要充分运用课程中的各类知识，将不同学科的知识进行融合，以应对复杂的商业问题。

（三）创新性

创新性是校企合作项目的第三个设计原则。电子商务行业发展迅速，市场环境和技术创新不断推动着行业的变革。因此，创新性是学生在参与校企合作项目时必须培养的重要能力。校企合作项目应鼓励学生提出创新解决方案，培养学生的创新思维和解决问题的能力。

创新性项目可以要求学生在解决实际问题时，运用最新的技术工具和商业模式。比如，在进行数字营销项目时，学生可以尝试使用人工智能算法来分析用户数据，进行精准营销；在平台运营优化项目中，学生可以探索使用区块链技术来提高交易的透明度和安全性；在供应链管理项目中，学生可以尝试引入物联网技术，优化物流流程。通过这样的创新性项目，学生不仅能学到最新的行业技术，还能激发他们的创造力和想象力，使他们具备创新性思维，能够在面对未来工作中的复杂问题时，提出新的解决思路和方法。

二、提升学生参与度的策略

（一）明确任务与目标

1. 明确的任务划分与目标设定

明确的任务划分和目标设定是学生积极参与项目的基础，它有助于细化工作内容，确保每个学生都能在项目中找到自己的定位，并能清晰地了解自己工作的意义与目标。教师应根据项目的整体目标，将其拆解成多个子任务，并将这些任务合理分配给不同的小组或学生。通过这种任务分解，学生可以在自己的工作范围内聚焦于特定的任务目标，同时又能明确这些任务在整体项目中的作用，确保任务之间的有效衔接和协同。例如，在一个电子商务平台优化项目中，教师可以将项目划分为多个阶段，每个阶段分别对应不同的项目目标：市场调研、平台设计、用户体验优化、营销策划等。每个阶段的任务又可以进一步细化：在市场调研阶段，任务可能包括竞争对手分析、目标用户调查、市场趋势分析等；在平台设计阶段，任务可能包括平台界面的设计、功能模块的设计、平台技术架构的选择等；在用户体验优化阶段，任务可能涉及页面布局的改进、用户操作路径的简化、交互设计的优化等；在营销策划阶段，学生可能需要设计和策划电子商务平台的线上营销活动、社交媒体推广策略等。每个小组或个人负责其中的一部分工作，确保这些任务能够协调配合地推进，最终实现项目的整体目标。通过这种清晰的任务划分，学生不仅能够明确自己的职责，还能理解每项任务如何影响项目的整体进展。例如，参与市场调研的小组可以深入了解竞争对手的运营模式，提供数据支持，而平台设计小组则可以根据市场调研的结果，优化平台的功能和界面设计，确保平台的用户需求得到满足。

2. 激发学生的责任感与主动性

明确的任务划分与目标设定不仅帮助学生理解自己的职责，还能激发他们的责任感和主动性。学生在明确了自己的角色和任务后，会对自己在项目中的工作产生归属感和责任感，这种责任感促使学生在项目中更加积极主动地参与，努力确保任务的高质量完成。在任务明确的前提下，学生知道自己不仅仅是为了完成某一具体任务而工作，而是承担着整个项目成功的责任之一。这种责任感有助于提升学生的自主性，激发他们积极解决问题，主动提出改进意见，提升团队协作的效率。例如，在一个市场调研项目中，学生如果被明确分配到竞争对手分析的任务，他们会主动去收集竞争对手的运营数据，进行深入的分析，并提供具有价值的报告。任务的明确使学生能够清楚地意识到他们的努力不仅为自己积累了知识，也直接为整个项目的进展提供了数据支持。学生能够看到他们的工作与项目结果之间的联系，从而增强责任感，推动他们更好地参与进来。责任感的增强还能够促进学生主动解决问题，在遇到困难时不等待外部帮助，而是通过自主学习和团队协作来克服挑战。

明确的任务划分和目标设定能够鼓励学生独立思考和行动。学生在明确自己的任务和目标后，能够主动规划自己的工作，并在项目进程中不断调整和改进。举例来说，在一个电子商务平台优化项目中，参与平台设计的学生可能会发现某些设计方案无法很好地满足用户需求，他们可以主动提出更好的设计方案，向团队或教师寻求反馈和建议，并积极与其他小组成员协调，确保设计方案的优化。

（二）提供指导与支持

1. 提供持续的技术和理论支持

在项目实施过程中，学生经常会遇到各种技术性或理论性的问题。尤其在涉及复杂工具和模型的项目中，如数据分析、市场调研、平台设计等，学生可能对所用技术工具不熟悉，或者在理解和运用理论知识时遇到困难。教师持续的技术和理论支持对于学生顺利完成项目至关重要。教师应根据项目的具体需求，在项目开始前和实施过程中为学生提供必要的指导和帮助，以确保他们能够掌握所需的技术技能和理论知识，并有效地应用这些知识解决实际问题。例如，在一个数据分析项目中，学生可能会遇到如何选择合适的数据分析工具或软件的难题。教师可以帮助学生了解不同分析工具的特点，如何根据数据的性质和分析目标选择合适的工具，如使用 Python 进行数据清洗，利用 R 进行统计分析，或通过 Tableau 进行数据可视化。同时，教师还可以帮助学生理解数据建模的基本概念，如回归分析、聚类分析等，并指导学生如何应用这些理论知识分析数据。在遇到实际操作问题时，教师应为学生提供实操演示，帮助学生理解理论与实践之间的关系，确保他们能够灵活运用所学的工具和技术。

教师的技术支持不应局限于解决学生在使用工具和技术时遇到的难题，还应在项目管理方面提供指导。例如，在一个电子商务平台优化项目中，教师可以帮助学生合理分配任务，明确每个学生在项目中的角色和责任，确保任务能够高效协作完成。同时，教师可以指导学生如何协调团队成员之间的工作，如何在项目进展中进行自我评估，确保项目能够按照既定目标有序推进。教师还可以定期组织小组讨论或会议，解答学生在项目过程中遇到的任何疑问，确保学生在执行项目的过程中获得必要的帮助和支持。

教师持续的技术和理论支持不仅有助于学生解决眼前的问题，还能帮助他们在实践中逐步掌握项目所需的核心技能。通过这种支持，学生不仅能够增强操作能力，还能学会如何在未来的工作中自信地解决类似问题，提升其职业素养。

2. 激发学生自主学习和独立思考

当学生在项目实施过程中遇到困难时，教师应通过引导性问题、提供参考文献、鼓励学生自行查阅相关资料等方式，激发学生自主学习和独立思考。通过这种方式，学生能够培养自主解决问题的能力，并在此过程中提升批判性思维能力，形成独立的分析框架。例如，在一个电子商务平台优化的项目中，学生可能需要对平台的用户体验进行优化，这时，教师可以鼓励学生查阅有关用户体验设计的最新文献，学习行业内的成功案例。教师可以提供一些相关文献和研究资料，鼓励学生通过阅读这些资源来获取灵感，并让学生根据这些研究成果结合自身的项目需求，提出具体的优化方案。这不仅帮助学生深入理解用户体验的核心概念，还促使他们能够独立分析问题，提出有创意的解决方案。

教师还可以通过引导性问题帮助学生更好地理解问题的本质。例如，教师可以问："在优化用户体验时，你们认为哪些方面的改进最能影响用户的购买决策？是否有数据支持这一点？"这种引导性问题不仅帮助学生厘清思路，还能够促使他们深入思考，结合理论和实践提出更具创新性的解决方案。通过这种方法，学生不仅能够从理论和实践中获得知识，还能够在面对复杂问题时培养自主思考的能力。

此外，教师还可以通过提供学习资源、组织学术讨论等方式，鼓励学生在项目之外主动拓展知识。通过让学生了解最新的行业趋势和技术，教师不仅能提高学生的专业素养，还能够帮助他们构建更加全面的知识体系。

3. 及时的反馈和评估

及时的反馈和评估是项目过程中不可或缺的环节，能够帮助学生清楚地了解自己在项目中的表现，发现不足并进行改进。通过定期的评估和反馈，学生能够及时纠正自己的错误，改进工作方法，确保项目能够按照既定目标顺利推进。教师的及时反馈不仅帮助学生明确改进方向，还能激励学生进一步提升工作质量。

在项目的各个阶段结束后，教师应定期组织项目进度汇报会，听取学生的成果展示，并对每个阶段的任务完成情况给予评价。教师不仅要对学生完成的任务进行评价，还应根据学生的表现提供具体的反馈意见。例如，在一个电子商务平台优化项目中，教师可以评估学生提交的市场调研报告，分析其数据收集的全面性、分析结论的准确性和合理性，并提出改进建议。

定期的反馈不仅是对学生工作的评价，更是促进学生改进和提高的重要途径。通过反馈，学生能够及时发现自己的不足，并调整自己的工作思路。例如，在项目的进展过程中，学生可能在任务执行中忽略了一些关键问题，教师可以通过评估及时指出问题，帮助学生改正错误，避免这些问题影响整个项目的推进。教师还可以鼓励学生进行自我评估，反思自己在项目中遇到的困难和解决方案，这有助于学生在项目结束后总结经验教训，提高解决问题的能力。及时的评估和反馈不仅有助于学生在当前项目中的进步，还能帮助他们在未来的工作中更好地运用这些经验。在项目实施过程中，学生通过不断接收反馈，可逐步完善自己的工作方法，形成一套适合自己的工作流程，这对他们未来的职业生涯和成长至关重要。

（三）建立激励机制

1. 物质奖励和精神奖励相结合

奖励机制的设立是激励学生参与的最直接方式，尤其在项目实施过程中，合理的奖励能够为学生提供清晰的目标和动力。教师可以根据学生在项目中的表现设立各种奖励，如设立优秀项目奖、创新奖、团队协作奖等。奖励可以采取物质奖励和精神奖励相结合的方式，通过现金奖励、奖学金、实习机会、荣誉证书等形式，激励学生在项目中追求卓越并增强他们的成就感。

物质奖励是激励机制中最直观的手段，它能够直接激发学生的积极性和参与度。在校企合作项目中，教师可以根据学生在项目中的表现，设立不同类型的物质奖励。对于表现优异的小组或个人，可以给予奖金、奖学金、实习机会等奖励。这不仅能够在学生中树立起“努力工作，收获回报”的理念，也能在一定程度上帮助学生减轻经济负担，使他们能够更加专注于项目的开展。例如，在一个电子商务平台优化项目中，教师可以根据小组在平台设计、市场调研、用户体验优化等方面的表现设立不同等级的奖金，并根据完成项目的质量和创新性进行评定。通过这种方式，学生不仅能够感受到努力工作的价值，还能够在项目过程中不断提升自己的能力，以争取更多的奖励。

精神奖励不仅是对学生工作的肯定，也是激发学生自信心和集体荣誉感的重要手段。教师可以通过表彰、荣誉证书、奖杯等形式，鼓励学生在项目中的表现。精神奖励往往能够激发学生的内在动力，使他们在项目完成后感到自豪，并愿意在未来的工作中继续发挥自己的优势。例如，教师可以在项目结束时组织一个评选活动，评选出表现最为优异的小组或个人，并给予“最佳团队奖”或“最佳创新奖”等荣誉称号。通过这种形式的奖励，学生能够感受到自己在项目中的贡献和成绩，进一步增强他们的成就感和自豪感，从而更加积极地投入未来的项目中。精神奖励还能够促进学生之间的友谊和合作，激发团队成员的责任感和归属感。学生获得的荣誉，不仅是个人的荣誉也是整个团队的荣誉，这种集体荣誉感能够增强团队成员之间的凝聚力，促进他们在未来的团队合作中更加默契地配合，提升团队的整体表现。

2. 鼓励创新与团队合作

激励机制应通过表彰创新和团队合作等精神层面的奖励，进一步提升学生的参与度和项目质量。在校企合作项目中，学生的创新能力和团队合作能力是项目成功的关键因素之一。通过设立创新奖和团队协作奖，教师能够鼓励学生发挥创意，提出创新的解决方案，并通过团队合作共同实现项目目标。

创新奖是鼓励学生提出新颖解决方案和思路的重要手段。在电子商务行业，技术和市场环境的快速变化要求从业者不断创新。教师可以在项目中设立创新奖，鼓励学生在项目实施过程中突破常规思维，提出具有前瞻性和创意的解决方案。例如，在电子商务平台优化项目中，学生可以提出新的市场营销策略、优化产品推荐算法、改进用户体验设计等创新性建议。教师通过设立创新奖，对学生的创意思维和解决方案给予奖励，不仅能够提升学生的创新能力，还能够激发他们在未来工作中不断追求卓越和创新的动力。创新奖不仅是对学生创意的表彰，还能够鼓励学生将理论知识转化为实践，通过实际操作验证创新的可行性。在这个过程中，学生能够不断挑战自己，增强解决问题的能力，推动项目的进展。

团队协作奖是通过对团队合作的评价来激励学生共同完成项目目标。电子商务项目的实施往往需要团队成员之间的紧密配合，才能实现项目的顺利推进。教师可以设立团队协作奖，评选出在合作过程中表现出色的小组，奖励他们的合作精神和协调能力。团队协作奖不仅能够鼓励学生在团队中积极沟通和分工，还能够帮助学生认识到团队合作的重要性。在电子商务平台优化项目中，团队成员需要协同进行市场分析、平台设计、数据分析等工作。通过设立团队协作奖，教师能够鼓励学生互帮互助、共同克服项目中的困难。通过这种方式，学生不仅能够在合作中提高自身的专业能力，还能够学会如何在团队中发挥自己的优势，与他人共同推动项目顺利开展。

3. 激发竞争意识和团队精神

激励机制应通过增强学生的竞争意识和团队精神来调动学生的积极性。竞争意识是推动学生不断追求卓越的重要动力，而团队精神则是确保项目顺利完成和提升学生协作能力的基础。通过设立小组竞争环节，教师能够激发学生的创造力和工作热情，并促进学生在团队合作中发挥更大的潜力。

竞争意识是激励学生发挥最大潜力的有效手段。教师可以通过将项目分成多个小组，并设置团队间的竞争环节，激发学生的创造力和解决问题的动力。例如，在电子商务平台优化项目中，教师可以设置优化平台设计、提升用户体验、增加销售转化等具体目标，并让不同小组之间竞争，评选出最具创新性和实效性的解决方案。通过这种竞争，学生不仅能够在对比中发现自己的不足，还能够看到其他团队的创新思路，从而激发他们提升自己团队表现的动力。竞争不仅能提升学生的个人能力，还能帮助学生学会如何在压力中调整自己的工作方式，找到最有效的解决方案。教师应通过这种竞争机制激发学生的积极性，鼓励他们发挥出最好的工作状态，并通过评比等形式表彰优秀团队。

团队合作精神是推动项目成功的重要因素之一。在一个电子商务平台优化项目中，团队成员可能分工负责市场调研、平台设计、用户体验优化等环节，团队的成功取决于每个成员之间的协调与配合。教师应通过团队协作奖等方式，激励学生在项目实施过程中注重团队之间的沟通与协调，确保每个成员都能发挥自己的特长，并将个人努力转化为团队的共同成果。通过团队协作奖，教师能够鼓励学生将个人的目标与团队的整体目标结合起来，培养他们的集体荣誉感和责任感。

第五章　提升电子商务专业学生创新能力与综合素质

第一节　创新思维的培养与实践

一、创新思维的培养方法

（一）多元化的学习环境

培养创新思维的第一步是为学生提供多元化的学习环境。创新并非一蹴而就，它通常源于多种知识、经验和观点的碰撞。因此，学校应鼓励学生拓宽学习的视野，通过跨学科的课程设置，培养他们跨领域的创新能力。例如，在电子商务专业中，除了学习电子商务平台运营、供应链管理和数字营销外，学生还可以选修与心理学、行为经济学、计算机科学等领域相关的课程。这些课程不仅帮助学生更好地理解消费者心理，还能为学生提供从不同学科中汲取灵感的机会，从而培养他们的开放思维模式。

心理学课程尤其是消费心理学课程将帮助学生理解用户的情感需求、购买决策过程以及如何通过情感驱动的策略吸引客户。而计算机科学课程则可以使学生掌握如何利用最新技术如大数据分析、人工智能和区块链技术等，提升电子商务平台的功能和用户体验。通过这样的跨学科学习，学生能够接触到更广泛的知识体系，不仅能拓展他们的知识面，也能培养他们从多个角度思考问题的能力。这种开放、灵活的学习方式，是创新思维的良好土壤。

除了课程设置，学校还可以通过组织跨学科的创新大赛、工作坊等活动，进一步激发学生的创造力。通过这些活动，学生不仅能够与来自不同学科的同学合作，还能学习如何融合各学科的知识和方法，进而找到创新的解决方案。在合作过程中，学生将会面临不同背景的同伴，学习如何在团队中发挥作用，如何在多样化的意见中找到共识，并最终提出创新的想法。此类活动为学生提供了实践创新思维的机会，有助于提升他们面对复杂问题时的灵活应变能力。

（二）实践与项目驱动

创新思维的培养离不开实践。只有在实际项目中，学生才能真正体会到创新思维的重要性，并在解决实际问题的过程中培养解决问题的能力。项目驱动教学法是培养创新思维的重要方式，它通过将学生置身于真实的工作环境中，让学生在面对实际挑战时，锻炼解决问题的能力。学校可以与企业合作，设计出富有挑战性的项目，让学生参与其中。在这些项目中，学生不仅需要应用所学的理论知识，还需要面对许多实际问题，提出创新的解决方案。例如，在某电子商务平台的市场营销项目中，学生需要通过分析平台的大数据，挖掘潜在的市场机会，并根据分析结果提出新的营销策略。

项目驱动教学法能够帮助学生全面提高综合能力，包括团队合作、沟通技巧和领导力等方面的能力。在实际项目中，学生需要与同学们共同协作，分工合作，交流并协商解决方案。通过这种合作模式，学生能够增强团队协作精神，同时培养自己的沟通和协调能力。在团队的互动中，学生会遇到不同的观点和意见，这将有助于他们拓展思维边界，提升创新能力。

学校应确保项目内容的设计既具有挑战性，也能解决行业中的实际问题。项目应当与行业发展紧密对接，具备实际应用价值。学校还应为学生提供必要的指导和资源，帮助学生在项目实施过程中及时解决问题，保证创新思维的顺利发挥。教师的角色不仅是知识传授者，还应当是创新思维的引导者和促进者，帮助学生在项目实施中不断调整自己的思路，提升他们的创造性解决问题的能力。

（三）创新思维训练

除了通过跨学科学习和项目驱动来培养创新思维，学校还应通过系统化的创新思维训练来提高学生的创新能力。这些训练可以通过多种方法进行，包括头脑风暴、逆向思维、情景模拟等。这些方法可以帮助学生跳出传统思维的框架，激发他们的创新思维。

头脑风暴是一种常见的创新训练方法，它通过集体讨论和分享，激发出多种创意和解决方案。在电子商务平台的创新项目中，学生可以通过头脑风暴，提出不同的营销策略或产品功能设计，最终选择最具可行性的方案。头脑风暴不仅能激发学生的创造力，还能锻炼他们的团队协作能力和沟通技巧。在这种集体合作中，学生能够学习如何表达自己的想法，也能够学会如何倾听团队成员的意见，并根据讨论结果不断优化方案。

逆向思维是培养创新思维的重要手段。通过逆向思维，学生能够从另一个角度思考问题，打破常规思维的束缚，提出出人意料的解决方案。这种思维训练能够激发学生打破传统解决方案的局限，培养他们更加灵活和创新的思维方式。

情景模拟是一种能帮助学生在有限时间内作出决策的训练方法。在模拟的商业情景中，学生需要快速分析问题并作出决策。这种训练能够帮助学生锻炼在复杂环境下的决策能力，同时通过多次模拟演练，培养他们在不确定条件下迅速反应和创新思考的能力。此外，学校可以定期邀请行业专家举办讲座和交流活动，让学生有机会与行业领军人物进行面对面的沟通。通过这些活动，学生不仅能够了解行业前沿的创新案例，还能获取更多的灵感和见解，为自己未来的创新思维提供启示。

二、创新思维的实践应用

（一）电子商务平台创新

1. 功能设计创新

功能设计创新是电子商务平台发展的核心驱动力之一，尤其是在当前竞争激烈的市场中，平台能否为用户提供独特且高效的功能体验，直接决定了其市场地位。在现代电子商务平台中，个性化推荐系统是提升用户体验的关键功能之一。随着大数据和人工智能技术的进步，平台能够通过精准分析用户的行为习惯、兴趣爱好及其与产品之间的互动，智能化地推送与用户需求高度匹配的产品。个性化推荐系统的核心功能是根据用户的购买记录、浏览行为以及搜索偏好，提供个性化的产品推荐。这一过程依赖于复杂的机器学习算法，通过实时分析用户的行为模式，平台能够主动预测用户可能感兴趣的产品并加以推荐。举例来说，平台可以根据用户以往的购买记录，结合他们在浏览产品时停留的时间、点击率等行为数据，构建起一个更加精确的用户画像。通过数据的实时反馈，平台能够不断调整推荐算法，以提升推荐的准确性和用户的满意度。在此基础上，学生通过运用深度学习技术，能够设计出基于神经网络的推荐系统。该系统可以通过对用户行为的细致分析，预测其未来需求，并提供个性化的营销方案，使推荐效果更加精确，进而提高用户活跃度、购买转化率和平台的收入。通过这种创新的功能设计，平台能够实现差异化竞争，提升用户体验，推动平台销量的增长。此类创新功能不仅提升了平台的市场竞争力，也为学生提供了一个与技术发展接轨的机会，让他们能够更好地理解如何将最新的技术应用到实际的电商场景中，推动行业的数字化转型。

2. 优化用户体验

优化用户体验是电子商务平台提升竞争力的关键因素之一，创新思维在这一领域的应用尤为重要。通过不断更新和完善用户交互流程、增强平台智能化体验，电子商务平台能够为用户提供更加便捷、高效、个性化的购物体验，从而增加用户黏性和满意度。学生可以通过运用创新思维，设计出一系列创新的用户体验方案，进一步提升平台的互动性和用户友好度。

第一，随着人工智能技术的不断进步，语音识别技术已经成为提升用户体验的一个重要工具。在电子商务平台中，语音助手可以帮助用户更加便捷地完成商品搜索、支付、物流查询等操作。例如，学生可以设计一款智能语音助手系统，用户只需通过语音指令即可搜索商品、查看订单或进行支付。

第二，智能客服系统是一个能够显著优化用户体验的创新方向。基于人工智能技术，学生可以设计出一套智能聊天机器人系统，能够在平台上自动回答用户的常见问题、处理售后服务等。传统客服往往依赖人工干预，导致响应时间较长且效率不高，而智能客服系统能够在用户提问时立即响应，通过自然语言处理技术迅速识别用户需求并给出精确答案。此外，智能客服还可以通过机器学习不断优化其服务质量，逐步提升系统的准确性和智能化水平。例如，学生可以设计一个基于人工智能的多轮对话系统，不仅能够识别用户的简单询问，还能处理复杂的客户服务请求，如退换货、物流查询等。

第三，除了语音助手和智能客服，学生还可以通过其他技术手段持续优化用户体验。例如，利用大数据分析，学生可以帮助平台更好地理解用户的需求和痛点，及时调整用户界面、页面加载速度、推荐算法等关键因素，进一步提升用户的整体体验。这些优化措施不仅使平台更加高效，用户也能够在平台上享受更顺畅的购物体验，从而提升平台的品牌忠诚度和市场竞争力。

3. 供应链管理创新

随着电子商务行业的持续发展，供应链管理的效率和透明度成为平台能否在市场中立足的重要因素。传统的供应链管理方式往往存在信息不透明、物流滞后、货物追踪困难等问题，而创新技术的应用能够有效解决这些问题，提升供应链的透明度和效率。学生通过创新思维，能够为平台设计出更高效、更智能的供应链管理系统。

第一，区块链技术作为一种去中心化、透明化且不可篡改的技术，能够为电子商务平台提供更加安全和高效的供应链管理方案。在传统供应链中，商家和消费者往往难以获取商品的真实来源和运输过程信息，容易发生伪造和欺诈现象。而基于区块链技术，所有的商品流通环节都可以在区块链上进行记录，从商品的生产、仓储、运输到最终的交付，每一个环节的信息都可以追溯，确保商品信息的真实性和透明性。例如，学生可以设计一种基于区块链技术的供应链管理系统，所有平台上的商品从生产到最终交付的每一步骤都被记录在区块链上，消费者可以通过扫描商品的二维码，查看商品的生产、运输等信息，从而增强对平台的信任度。

第二，除了区块链技术，学生还可以运用人工智能、大数据和物联网技术，进一步优化供应链管理。例如，利用物联网技术，平台能够实时追踪每一件商品的物流信息，提前预知潜在的运输问题，从而提高物流效率并降低配送风险。同时，利用大数据分析，平台能够根据历史数据预测需求量、优化库存管理，从而减少库存积压和运输成本，提高供应链的运营效率。

（二）商业模式创新

1. 共享经济与二手商品交易平台

共享经济的核心理念是通过资源共享来提高效率，减少浪费，降低成本，并通过平台化管理解决资源的分配与信任问题。在传统的二手商品市场中，消费者往往面临产品质量难以保障、交易过程不透明、买卖双方信任缺失等问题，导致市场活跃度不足。

学生可以设计一个全新的二手商品交易平台，集成资源共享与信任机制。该平台的核心在于通过信用评价系统，提升交易双方的透明度和信任度，确保每一笔交易的安全性。例如，可以允许用户发布二手商品并设定相应的价格，同时为每个用户提供一个自动生成的信用评分——基于用户的购买历史、卖家信誉等数据自动生成评分，进而影响他们的交易行为。这种方式能够让买家在购买过程中更加放心，同时也鼓励卖家提供真实可靠的商品。此外，平台可以结合物品租赁功能，使二手商品交易不再局限于买卖。通过物品租赁系统，用户可以在平台上租借或租出商品，以满足现代消费者对节省成本和减少浪费的需求。此时，平台应当提供完善的支付系统、配送服务和租赁期限管理，确保租赁过程的顺畅和安全。平台应根据用户的信用评估结果，提供合适的租赁条件和服务，确保交易的安全性，同时提升平台的用户黏性。

这种共享经济模式不仅能解决传统二手市场存在的信任问题，还能有效降低平台的运营成本。通过租赁与交易相结合的模式，平台可以在提供服务的同时拓展收入来源，吸引更多用户参与，增强市场竞争力。学生设计的创新商业模式不仅能提高平台的市场份额，还能通过不断优化服务功能，提升用户体验，进一步增强平台的品牌影响力。

2. 基于订阅制的商业模式

通过创新思维，可以设计基于订阅制的电子商务平台，为消费者提供定期配送商品的服务。这种模式通过固定周期的收入流和长期的客户关系，既能为平台带来稳定的现金流，也能增强用户黏性和平台的服务持续性。

在这种模式下，平台可以为用户提供定期配送的商品服务，如食品、日用品、美容产品等。用户在平台上订阅后，可以按月或按季度收到固定的商品，平台根据用户的偏好和需求来定制每一批次的产品。例如，学生可以设计一个“新鲜食品订阅服务”，用户订阅后，平台将根据用户的饮食偏好和健康需求，定期送货上门。这种订阅模式能够为用户提供便捷的购物体验，同时也让平台形成了长期的用户关系。此外，学生可以设计不同类型的订阅方案，满足不同消费者的需求。例如，针对忙碌的上班族，平台可以提供快速、便捷的食材配送；针对健身爱好者，平台可以提供专门的营养补给食品。这种定制化服务的设计可以通过数据分析得出用户的偏好，从而制定更有针对性的营销方案，吸引更多的消费者参与。

基于订阅制的商业模式不仅能够提供定期收入，还能增强用户对平台的忠诚度。订阅模式能有效提升用户黏性，使平台能够更好地理解用户需求、提供个性化服务，并以此调整和优化服务内容。在这种模式下，平台与消费者之间的关系更加紧密，消费者习惯了平台的定期配送服务，愿意长期订阅，形成持续的收入来源。通过这种商业模式创新，不仅能够让平台实现长期稳定的收入流，还能激发用户的参与感和忠诚度，使平台能够在竞争激烈的市场中占据优势地位。此外，学生在设计这一模式时，也能够学习到如何进行市场细分、如何通过数据驱动决策等关键技能，为今后的职业生涯奠定坚实的基础。

3. 定制化商业模式

随着消费者需求的日益个性化和多样化，定制化商业模式逐渐成为电子商务平台创新的重要方向。通过定制化平台，消费者可以根据自身需求和兴趣定制产品，满足个性化需求的同时，提升平台的市场竞争力。学生通过创新思维，可以设计出集成化的定制化电子商务平台，为消费者提供从设计到生产的全流程服务。

学生可以设计一个允许消费者根据个人喜好定制商品的电子商务平台，覆盖从产品设计到生产的全流程。例如，用户可以在平台上选择手机壳、服装、配饰等商品，提供自己的设计需求，如颜色、图案、尺寸等，平台则通过自动化生产系统实现定制产品的生产与配送。通过这一模式，平台不仅能够满足消费者的个性化需求，还能增加产品的附加值，提高产品的市场竞争力。此外，平台还可以提供多样化的定制化选择。例如，针对不同的消费者群体，平台可以根据产品类别提供不同的定制化选项。对于年轻消费者，平台可以设计时尚个性化的产品定制服务；对于企业客户，平台可以提供团体定制服务，如定制企业品牌礼品、工装等。

定制化商业模式不仅能帮助平台提升产品的差异化竞争力，还能提升客户的满意度和忠诚度。通过提供个性化服务，平台能够吸引更多对个性化产品有需求的消费者，形成独特的市场定位。学生在设计定制化商业模式时，不仅能够了解如何为平台打造独特的产品线，还能掌握如何在激烈的市场竞争中占据优势地位。定制化模式的实施能增强平台的市场吸引力，同时为学生提供实践机会，帮助他们理解市场需求和消费者行为，从而提高他们的创新思维和商业策划能力。

（三）市场营销创新

1. 社交媒体与短视频平台的精准营销

社交媒体与短视频平台已经成为品牌推广和产品营销的主要渠道。随着社交媒体平台（如 Instagram、微博）和短视频平台（如抖音、小红书）的快速发展，传统的营销方式逐渐向精细化、个性化和互动性强的模式转型。这些平台具备强大的用户数据分析能力，能够基于用户的兴趣、行为和互动进行精准的广告推送，为品牌提供前所未有的营销机会。

可以通过社交媒体平台的精准推送功能，结合用户的个人偏好和行为习惯，进行个性化的广告推广。通过数据挖掘和行为分析，营销人员可以更好地了解目标用户群体，从而设计出具有高度针对性的广告内容。例如，在电子商务平台中，可以设计定制化的广告活动，利用短视频平台发布具有创意和吸引力的产品宣传视频。这些视频可以结合用户历史行为（如浏览记录、购买习惯）和社交互动数据（如点赞、分享、评论），从而推送与用户兴趣紧密相关的内容。通过互动性强的广告活动，如通过直播互动、用户评论和分享等方式，能够帮助品牌提高用户的参与感，增强品牌的吸引力并推动产品销售。此外，社交媒体平台的“病毒式”传播效应也能够帮助广告内容迅速传播到更广泛的受众群体，创造出更多的购买机会和品牌曝光机会。

社交平台的互动性为用户提供了参与感，用户不仅是信息的接收者，更是内容创作和传播的参与者。通过创意的广告设计和互动环节（如投票、留言、分享），品牌能够与用户建立更紧密的关系。这样不仅提升了广告的互动性，也让用户在分享自己的观点和体验的过程中感觉到自己的声音被听见，进而增强了与品牌的情感联系，提升了品牌忠诚度。

2. 线上直播带货的营销创新

近年来，直播带货成为电子商务的一大热门趋势，这种营销模式的迅猛发展吸引了大量商家和品牌加入竞争。通过直播，品牌能够与观众进行实时互动，展示产品的实际效果，并通过优惠活动、秒杀等方式提高购买转化率。在创新思维的引导下，能够帮助企业设计互动性强的直播营销活动，从而提升品牌知名度并创造更多的销售机会。

直播带货的成功之处在于其能够通过互动性和娱乐性吸引大量观众。例如，通过现场直播展示商品的使用效果、背后的故事或者生产过程，提升产品的信任度。与观众的互动，如回答问题、抽奖和实时折扣等活动，能够激发观众的参与热情和购买欲望。例如，在销售化妆品时，主播可以通过与观众互动，回答他们对产品效果的疑问，介绍不同肤质的使用方法，并通过演示效果增强他们的购买意愿。

直播带货能够通过与明星或关键意见领袖的合作，进一步提升品牌的影响力。企业可以选择适合的关键意见领袖进行合作，通过粉丝效应将品牌推向更广泛的受众群体。如与知名主播的合作可以为品牌带来巨大的曝光量，吸引新用户进入平台，同时也增加了产品的信任度。在直播中，应设计一些引人入胜的场景与环节，如通过游戏化的互动（如竞猜、秒杀）来提高用户的参与度和购买欲望。

3. 跨境电子商务的营销创新

随着全球化进程的加速，跨境电子商务成为电子商务行业中最具潜力和发展空间的领域之一。可以运用创新思维，探索跨境电子商务平台的营销策略，帮助企业在全球范围内拓展市场。跨境电子商务不仅为企业带来全新的增长机会，还要求品牌能够根据不同国家的文化差异和市场需求，设计定制化的营销活动。

跨境电子商务的核心挑战之一是如何适应不同国家的文化差异和消费者行为。可以针对不同的市场制定相应的本地化营销策略。例如，平台在进入欧美市场时，可以针对当地消费者的购物习惯、支付方式和配送需求，制定符合当地市场需求的产品推广策略；在进入亚洲市场时，可以分析当地消费者对价格敏感度的差异，设计相应的优惠活动和品牌定位策略。本地化营销策略还包括文化适配，其能够帮助企业跨越文化障碍，提升品牌在全球市场中的认可度和美誉度。

还可以帮助企业设计跨境电子商务平台的市场分析和推广策略。例如，通过分析目标国家的市场规模、竞争环境、消费者购买习惯等，能够为平台提供具体的市场定位方案，明确产品进入市场的优势和劣势。基于市场分析，可以设计线上广告、社交媒体营销和合作伙伴关系等推广活动，提升品牌的知名度和市场占有率。此外，跨境电子商务的支付系统和物流系统也是其成功的关键因素。可以结合支付便利性和物流成本问题，设计创新的支付渠道和物流解决方案，从而优化跨境购物体验，提升消费者的购物满意度。

第二节 创业教育与电子商务创新应用的开展

一、创业教育

（一）创业课程体系

1. 创业基础课程的内容与作用

创业基础课程是创业教育体系的核心组成部分，旨在为学生提供扎实的理论基础，并帮助他们培养必要的创业意识和基本技能。通过这些课程，学生可以全面了解创业的基本概念、创业心理学以及如何从零开始构建一个商业模型，从而为将来的创业实践奠定理论基础。

第一，创业基础课程首先涉及的是创业的基本概念。这些概念包括创业的定义、创业精神、创业过程中的关键步骤等。通过对这些基本概念的学习，学生能够明确创业的全貌，并了解自己作为创业者在整个创业过程中所扮演的角色。课程内容将引导学生探索创业的动机，理解创新在商业中的重要性，并明确创业过程中面临的机遇和挑战。特别是市场分析，它是创业成功的关键因素之一。通过市场调研、行业分析以及竞争对手分析，学生能够学会如何评估一个市场机会，并为其创立的企业制定切实可行的战略。

第二，商业模式设计是创业基础课程中不可或缺的一部分。学生在这一课程中将学到如何构建一个可持续盈利的商业模式，包括产品或服务的定位、定价策略、销售渠道、客户群体等要素。此外，创业基础课程强调创新思维的培养，帮助学生识别潜在的商业机会，通过市场调查和消费者行为分析设计符合市场需求的产品或服务。通过案例分析、情景模拟等方式，学生能够深入探讨各种创业成功与失败的因素，从中汲取经验和教训，培养自己的创新意识和问题解决能力。

第三，创业心理学在创业基础课程中的作用不可忽视。作为创业者，需要培养对风险的耐受能力，学习在不断变化的商业环境中保持灵活性和创造力。创业基础课程将帮助学生理解创业过程中的心理变化，如从创业梦想的激发到面对挫折时的情绪管理，如何应对不确定性等。

2. 创业管理课程与企业经营实务

在创业基础课程为学生提供了理论支持之后，创业管理课程则帮助学生提升实际的企业运营与管理能力。这些课程更注重实际操作，涵盖了企业日常运营的各个方面，包括市场营销、财务管理、人力资源管理、运营优化等领域。通过这些课程，学生将能够理解如何在企业初创阶段管理有限的资源，制定合理的运营策略，并通过有效的管理确保企业稳步发展。

第一，市场营销管理是任何企业成功的关键要素之一。在创业管理课程中，学生将学到如何制定市场营销战略、如何分析目标市场、如何定位品牌以及如何推广产品。此课程将深入探讨市场营销的理论和实践，特别是在初创公司面临的市场竞争环境下，如何低成本、高效地推广产品。学生还将学习如何通过数字营销渠道，如社交媒体、电子邮件营销、SEO 优化等方式，提升品牌的知名度和市场份额。

第二，财务管理课程帮助学生理解如何合理配置和管理企业的财务资源，确保企业在发展的每个阶段都能维持良好的财务状况。此课程将教授学生如何编制财务报表、如何进行现金流管理、如何进行成本控制等。此外，学生将学习如何制定合理的定价策略，分析市场利润空间，作出精准的财务决策。在资金筹集方面，创业管理课程将帮助学生了解不同的融资方式，如天使投资、风险投资、债务融资等，学习如何撰写吸引投资者的商业计划书以及如何与投资人谈判。

第三，在创业公司从小规模发展到一定规模的过程中，团队建设至关重要。人力资源管理课程将深入探讨人力资源管理的基本理论与实际应用，学生将学习如何招聘、激励、培训和管理团队成员。此课程还教授学生如何建设具有创新精神和执行力的团队文化、如何管理企业的组织结构以及如何通过领导力提升团队的工作效率。学生还将学到如何处理团队内部的冲突，优化团队协作，并确保企业拥有适应市场变化的灵活性。

（二）创业实践平台

1. 创业孵化器

创业孵化器作为企业成长和创新的重要平台，对于创业的支持作用不可或缺。它提供了一个低成本、高支持的创业环境，使创业者能够在一个充满创新氛围的空间中，专注于将自己的创业想法变为现实。创业孵化器通常会提供必要的基础设施，如办公空间、会议设施、互联网接入以及其他办公必需品，帮助创业者减少初期的运营成本，从而让他们有更多的资金投入产品开发和市场推广等关键环节中。

更为重要的是，创业孵化器不仅提供物理空间，还会提供极具价值的技术支持、导师指导以及与行业专家的交流机会。导师在创业孵化器中的角色至关重要，他们通常是经验丰富的企业家、投资人或行业专家，能够为创业者提供战略指导、市场分析、运营优化等方面的帮助。通过导师的指导，创业者能够在创业的初期阶段避免常见的错误，迅速调整创业方向，提高商业模式的可行性。创业孵化器还会帮助创业者对接各类资源，包括资金支持、网络渠道和市场资源等。这些资源的接入将为创业者提供强有力的推动力，减少了资金与信息不对称的问题，使创业者能够更专注于创意的实现与市场的开拓。

在一个创业孵化器环境中，学生不仅进行学术上的实践，而且模拟和参与真实的市场经济活动。创业孵化器通常会为学生提供市场调研、用户反馈、产品改进和销售渠道测试等多方面的服务。这种实践性强、操作性强的体验，使学生能够从实际操作中获取经验，减少因理论与实践脱节而带来的风险，增加创业成功的可能性。因此，创业孵化器的作用不仅是为学生提供一个资源支持的空间，更是帮助学生在复杂的商业世界中茁壮成长，并培养其创新能力和企业家精神。

2. 创业实验室与创客空间

创业实验室与创客空间为学生提供了一个集创新、实验和实践于一体的环境，能够让学生直接参与创业项目的实际操作。这种空间不仅限于为学生提供基础设施，也注重技术支持、创意孵化以及跨学科的协作，帮助学生从最初的构想到完成产品原型的制作，并最终测试和优化产品。通过这些平台，学生可以实现“做中学”，在实践中提升自己的技术能力、创新思维和问题解决能力。

在电子商务领域，学生可以利用创业实验室和创客空间进行平台功能设计、用户体验测试等创新活动。例如，学生可以在创业实验室中开发新的电子商务平台功能，进行前端设计和后端技术架构的优化。此外，创业实验室还提供了市场测试的环境，学生可以通过用户反馈、产品使用数据等方式，对自己的电子商务项目进行不断调整和完善。这些实战经验和反馈循环有助于在产品上线前发现潜在的问题，优化产品设计，从而提高创业项目的成功率。

此外，创客空间为学生提供了创新的工坊环境，学生不仅可以进行简单的产品原型制作，还可以利用高端设备进行复杂的实验。例如，通过 3D 打印技术，学生可以设计并快速制作电子商务平台中的新型包装设计或其他商业道具。同时，创客空间也鼓励学生通过团队合作来解决技术难题，例如，通过创新的支付方式提高用户的购买体验，利用最新的人工智能技术提升平台的用户交互设计等。

3. 跨学科合作平台

在当今快速变化的商业环境中，跨学科的合作已成为创新型企业成功的关键因素之一。学生在创业过程中面对的挑战是多方面的，涉及市场分析、产品设计、技术实现、用户体验等多个层面，因此，跨学科的合作不仅可以拓宽学生的视野，还能帮助他们从多角度解决问题，最终提升创业项目的综合竞争力。

学校应建立跨学科合作平台，为学生提供与不同专业背景的同学进行合作的机会。例如，学生可以与计算机科学、数据分析、设计学、市场营销等专业的同学一起开展项目合作，形成多元化的团队。在这种合作平台上，学生可以充分利用不同学科的知识优势，共同开展从产品设计到市场推广的全链条工作。例如，计算机科学专业的学生可以负责平台的技术开发和系统架构设计，设计学专业的学生可以负责用户界面的优化与视觉设计，而市场营销专业的学生则可以分析目标市场，制定营销策略，确保产品能够吸引目标客户群体。

跨学科合作不仅能帮助学生整合不同学科的知识，还能使他们在实践中学习如何与不同背景的人协作，提升团队沟通与协作能力。通过共同讨论、辩论和研究，学生能够挑战自己固有的思维方式，产生新的创意和解决方案。这种合作不仅帮助学生拓展了知识面，还促进了他们对跨学科知识的融合与创新。学生学会了如何根据项目的需求运用不同学科的工具和方法，从而提高创业项目的质量和市场适应性。这种合作平台也为学生提供了更为真实的工作体验。现实中的企业往往由来自不同背景的专家组成，跨学科团队的高效协作是推动创新和解决复杂问题的基础。学生通过参与这些跨学科的合作，不仅提高了自己的实践能力，还培养了未来在职场中所需的团队合作、项目管理和问题解决能力。

（三）创业导师制度

1. 成功企业家的经验传授

成功企业家的经验传授是创业导师制度中至关重要的一环。企业家的实践经验和在创业过程中积累的宝贵知识，不仅能为学生提供前瞻性的战略指导，还能帮助学生深入理解创业的本质与挑战。通过与企业家的交流，学生能够直观地了解创业的过程，尤其是如何应对创业初期的各种困难和不确定性。

企业家导师的角色不仅仅是提供商业计划的指导，更重要的是帮助学生培养正确的创业思维与心态。在与企业家的互动中，学生将学习如何评估创业机会并作出理智的决策。例如，企业家导师可以分享自己在选择市场领域时的经验，讲述如何通过市场调研、行业分析等方法确定目标市场，从而避开创业中的高风险领域。企业家导师还能指导学生如何制订切实可行的商业计划，帮助学生从零开始构思并搭建自己的创业项目。

通过企业家导师的指导，学生能够获得实际的行业经验和策略，明确如何克服创业过程中可能遇到的各种挑战。这些挑战包括资金筹集、团队建设、市场推广等环节。在资金方面，企业家导师通常会分享自己与投资者沟通的技巧，帮助学生了解如何准备商业计划书，如何展示企业的市场潜力和发展前景，以便吸引天使投资、风险投资等资本支持。企业家导师还会教导学生如何管理初创企业中的财务风险，并在企业发展初期确保资金流动的健康、安全。

2. 行业专家的技能指导与解决方案

行业专家在创业导师制度中发挥着至关重要的作用，特别是在为学生提供专业技能指导方面。与企业家导师的经验分享不同，行业专家的指导更侧重于技术层面、市场趋势分析、行业规范以及产品设计等专业领域的知识。这类导师通常来自具体行业，如电子商务、金融、互联网技术、人工智能等领域，他们的专业背景和实践经验使他们能够为学生提供具有深度的分析与解决方案。例如，在电子商务平台的开发过程中，行业专家可以根据学生的项目需求，提供市场趋势和用户需求分析的指导。行业专家不仅能帮助学生识别市场中的空白和潜在机会，还能就用户行为分析提供专业的见解，帮助学生理解消费者的偏好和购买习惯，进而为产品的功能设计和服务优化提供支持。行业专家还能够帮助学生优化技术架构，使平台能够更好地适应市场需求和技术变化。例如，行业专家可以指导学生如何选择适当的技术框架来支持大规模用户访问、如何提高平台的稳定性和安全性，并且教授学生如何从技术角度解决平台在运营过程中可能面临的技术难题。

更重要的是，行业专家能够帮助学生系统性地分析产品的定位和市场竞争力。通过行业专家的视角，学生能够更加清晰地理解产品的市场适应性，优化用户体验，从而提升平台的竞争力。行业专家在帮助学生完善商业计划和战略目标时，能够结合当前行业的最新动向，确保学生的创业项目具有前瞻性，并符合市场需求。行业专家通常会向学生展示如何高效进行市场调研，如何通过数据驱动决策，并帮助学生制订长期的战略规划。行业专家还能够为学生提供关于创业过程中的风险管理、产品迭代和项目优化的策略。

通过与行业专家的交流，学生不仅能够获得实用的技能，还能深入理解市场和技术背后的逻辑。行业专家的指导帮助学生从不同维度进行分析，提供可操作性强的解决方案，极大地提高了学生的创业能力和市场适应力。

二、电子商务创新应用

（一）电子商务创业项目

1. 跨境电子商务平台的创新应用

随着全球化经济的发展，跨境电子商务已经成为全球消费市场中一个不可忽视的重要趋势。通过搭建跨境电子商务平台，不仅可以为全球消费者提供来自不同国家和地区的优质商品，还可以直接体验到全球化的商业运营模式。这种创新的跨境电子商务平台打破了传统零售商的地域限制，使消费者能够购买到原本难以获取的国际商品，同时也为供应商提供了更广泛的市场，增加了销售机会。

跨境电子商务的创新不仅局限于商品流通，还包括如何克服在全球化市场中常见的挑战，如跨国物流、支付方式、语言差异、关税和合规问题等。可以通过设计创新的跨境物流系统来解决跨境配送的时效性和安全性问题。比如，可以通过优化国际货运网络，利用全球化的仓储网络和智能化的配送系统，提高商品的运输效率。此外，支付系统的创新也至关重要。可以开发符合全球市场需求的支付平台，支持多种货币和支付方式，确保消费者能够方便快捷地完成支付过程，减少支付风险。

语言和文化差异也是跨境电子商务中的一大挑战。可以通过运用人工智能技术和大数据分析工具，设计多语言支持的电子商务平台，以便为全球不同国家的用户提供本地化的购物体验。平台可以根据消费者的语言偏好自动切换语言，同时展示符合消费者文化和习惯的推荐商品。此外，文化差异也影响着消费者的购买决策，可以通过分析不同国家的消费习惯、节庆活动等，为平台设计定制化的营销策略和促销活动，提升平台的吸引力。

2. 社交电子商务平台的创新创业

社交电子商务是近些年来兴起的一种创新商业模式，它通过社交平台的互动性将用户之间的交流与购买行为相结合，促进了产品的传播和销售。学生可以设计一个基于社交电子商务模式的购物平台，将社交互动和电子商务无缝连接。在这个平台中，用户不仅能够浏览商品，还能够通过互动、分享、评论等社交行为影响其他用户的购买决策，进而形成社区化的购物氛围。

社交电子商务平台的一个核心创新点是“社交推荐”机制。通过平台内用户的评价、互动和分享，平台能够根据用户的行为和社交关系推荐相关产品。这种方式不仅能够提高用户参与度，还能增强平台的黏性。例如，平台可以通过社交推荐算法，将消费者购买过的商品分享给朋友或者社交圈，提升产品的曝光度。与此同时，可以设计功能丰富的用户评价系统，让消费者能够看到其他用户的购买评价、产品使用体验等信息，从而影响他们的购买决策。社交电子商务的这种互动性营销策略能够加深用户对品牌的认同和忠诚度，促进产品销量的提升。社交电子商务平台的创新还可以体现在“群体购物”功能的设计上。在平台上，可以设计用户通过邀请好友参与团购来获取折扣或者优惠，这种方式能够增加平台的用户黏性，同时也能通过社交传播增加品牌的曝光率。例如，平台可以推出“限时团购”活动，用户只需邀请一定数量的朋友参与购买，就能获得大幅度折扣。

学生在设计社交电子商务平台时，还可以结合“短视频”及“直播”这一新兴形式，通过与网红或社交媒体意见领袖的合作，打造线上直播带货的购物体验。这种创新应用能够让用户直接在观看产品直播的过程中进行互动，向主播提问，查看产品详情，甚至直接在直播中完成购买，进一步提升购物的即时性和互动性。通过这一方式，社交电子商务不仅能提升品牌曝光度，还能增加与消费者之间的互动性，使品牌形成更强的市场影响力。

社交电子商务平台的创新创业不仅能够帮助学生更好地理解数字营销与社交网络的结合，还能培养学生通过创新的营销手段提升平台的用户黏性和市场竞争力。通过实际操作社交电子商务平台的设计与推广，学生不仅能提升市场分析能力，还能学会如何利用现代科技和社交工具来实现商业目标。社交电子商务的创新应用将为学生提供一个全面的电子商务实践平台，帮助他们掌握与当前市场趋势接轨的创业技能。

（二）电子商务技术创新

1. 人工智能与智能客服系统的创新

随着人工智能的发展，传统的人工客服已经无法满足日益增长的用户需求。基于人工智能的智能客服系统，利用机器学习和自然语言处理技术，能够高效、准确地响应用户的各类需求，提升服务质量和响应速度。可以设计并开发这样的系统，为电子商务平台提供全天候的客户支持。

人工智能客服系统的核心优势在于其高效性和自动化。通过自然语言处理技术，智能客服能够理解和分析用户的问题，并进行有效地回答。可以运用深度学习算法，使系统不断从与用户的交互中进行自我学习和优化，从而不断提高响应的准确度和问题解决的能力。例如，在电子商务平台中，智能客服能够实时解答关于商品信息、订单状态、售后服务等问题，显著减轻了人工客服的工作负担。智能客服系统还能够通过对用户行为的深度分析，提前预测用户可能遇到的问题或需求，主动提供帮助。比如，当用户浏览某一商品时，智能客服系统可以根据用户的历史购买记录，主动推荐相关商品或解答用户在购买过程中可能遇到的问题。

智能客服有一个重要创新是情感分析功能。可以在系统中引入情感计算技术，使其能够识别用户的情绪并作出相应的应对。例如，当系统检测到用户情绪焦虑或不满时，可以通过温和的语气提供帮助或推荐相关的售后服务，从而减少用户的负面情绪，并提高客户满意度。智能客服还能够根据用户的偏好和行为数据，调整对话策略，提供更个性化的服务。这种个性化的客户支持不仅能够增强用户的忠诚度，也能提升品牌形象。

2. 大数据分析与个性化推荐系统的创新

随着电子商务平台用户数量的不断增加，大数据技术的运用成为提升用户体验、优化运营的重要手段。可以通过大数据分析技术，对平台用户的行为数据、购买历史、搜索习惯、浏览记录等进行深入挖掘，从中提取用户的潜在需求，构建精准的用户画像。基于此，可以设计并实现一个个性化推荐系统，为用户提供量身定制的商品推荐，从而显著提升用户体验和平台转化率。

大数据分析和个性化推荐系统的核心目标是提升平台的个性化服务能力。通过对用户行为数据的分析，可以帮助电子商务平台实现精准营销，确保平台上的每一位用户都能接触到最符合其需求的商品。推荐系统通过算法对用户的历史购买记录、搜索习惯、浏览行为等数据进行分析，生成个性化的推荐列表。可以运用协同过滤算法、基于内容的推荐方法以及混合推荐算法等，设计一个能够根据用户偏好进行动态调整的推荐系统。这不仅能提升商品的曝光率，还能提高用户购买的转化率。

大数据分析在个性化推荐系统中的应用体现在“实时推荐”能力的提升。可以通过大数据流处理技术，将用户的实时行为数据和历史数据进行综合分析，为用户提供即时推荐。例如，在用户浏览商品时，系统能够实时根据其当前行为提供相关的推荐商品，从而增加购买的可能性。此外，还可以设计“冷启动”问题的解决方案，即对于新用户或没有足够历史数据的用户，系统通过利用群体行为数据和相似用户的购买记录，作出推荐并不断优化推荐效果。

除了商品推荐外，大数据分析还可以在优化用户体验方面发挥重要作用。通过对大量用户反馈、评论、互动数据的分析，平台能够识别用户的痛点，针对性地调整商品展示和营销策略。例如，可以设计一个系统，通过对用户的评价和反馈数据进行情感分析，识别产品的强项和弱点，从而为产品经理提供有力的市场数据支持，帮助平台提升商品质量和服务水平。此外，个性化推荐系统还能够根据用户的地理位置、购物时间、季节性需求等因素，定制化推荐相关商品或促销活动，进一步提升平台的营销效果。

（三）电子商务服务创新

1. O2O 模式的创新应用

O2O（线上到线下）模式是电子商务领域中的一个重要创新，尤其是在本地生活服务行业中，越来越多的消费者倾向于通过线上平台选择并预订线下的服务。O2O 模式的本质是通过线上平台与线下实体店的有机结合，打通消费链条，提升消费者的便捷性和平台的整体竞争力。在设计基于 O2O 模式的本地生活服务平台时，可以针对用户的多样化需求提供创新的服务解决方案，确保线上平台和线下服务能够无缝对接。

在 O2O 模式下，可以通过整合线上平台的订购、支付、评价系统与线下服务的即时提供、服务质量反馈等环节，帮助消费者在网上进行信息查询、商品选择、支付预订，在线下享受产品或服务的实际体验。例如，可以设计一个餐饮预订平台，消费者可以通过该平台在线查看餐厅菜单、订位并完成支付，随后前往线下餐厅享用美食。在健康行业，可以设计一个基于 O2O 的健康管理平台，消费者可以通过平台预约医生或健康咨询服务，在预约的时间到线下诊所接受服务。

O2O 模式的关键创新之一是打破了传统电子商务平台仅局限于线上购物的模式，它为消费者提供了从线上预订到线下体验的全面服务。通过线上平台，消费者可以随时随地查找信息、比较价格、获取优惠，并完成支付，而线下商家则能更好地接触到广泛的潜在顾客，减少传统营销的成本。可以利用大数据分析来提高 O2O 平台的个性化推荐能力，为消费者提供基于地理位置、时间、消费习惯等的定制化服务。同时，线下服务的即时反馈机制能够帮助平台及时收集客户反馈，优化服务质量。此外，O2O 模式的创新应用还可以借助社交媒体、移动支付等新兴技术，提升消费者体验。可以设计集成社交平台的 O2O 系统，用户通过分享自己的购买经历、评价商家、推荐服务，能够获得积分或其他奖励，进一步增强消费者的参与感和忠诚度。

2. 基于云计算的供应链金融平台

云计算技术的不断发展，推动了供应链金融的创新，尤其是为中小企业提供融资服务方面的应用。传统的供应链金融主要依赖于银行等金融机构的资金支持，这对于中小企业而言，融资渠道狭窄且效率低下。基于云计算技术的供应链金融平台为中小企业提供了一个全新的融资解决方案。可以设计一个基于云计算的供应链金融平台，通过平台提供快速、高效、透明的融资服务，帮助中小企业解决融资难题，促进其快速发展。

云计算作为一种高效的资源共享和数据处理技术，为供应链金融平台提供了强大的支持。可以利用云计算的高可扩展性和大数据分析能力，为中小企业提供定制化的融资服务。平台可以通过对供应链中的各方交易数据、订单信息、物流数据等进行分析，帮助企业根据其历史交易记录和信用情况，获得基于订单融资、库存融资等方式的资金支持。相比传统融资方式，基于云计算的供应链金融平台可以大大提高融资效率，降低融资成本，减少烦琐的中介流程，使中小企业能够快速获得资金，提升其经营能力。

基于云计算的供应链金融平台可以具有多种融资方式，包括应收账款融资、存货融资等，这些方式使企业能够利用其流动资产进行融资，从而解决资金短缺的问题。平台还可以结合大数据分析和风险控制模型，实时监测和评估企业的融资风险，确保资金的安全和可回收性。例如，可以设计一个订单融资系统，企业根据客户的订单信息，提交相关数据至平台，平台对其进行审核后提供资金支持。企业可以在销售完成后偿还资金，从而实现资金的周转。该平台不仅仅是提供融资，还能通过大数据和云计算技术帮助企业优化供应链管理。可以将平台的融资功能与供应链管理模块相结合，为企业提供精准的库存管理、订单管理、资金流管理等一体化服务。

第三节　专业素养与人文素质的并重培养

一、综合素质提升

（一）电子商务核心技能与综合素质的协同发展

1. 市场分析与文化理解的结合

电子商务行业作为一个高度依赖数据和市场反馈的行业，市场分析无疑是其核心技能之一。在传统的市场分析中，通常通过大量的数据收集、消费者行为分析、趋势预测等技术手段来判断市场需求及发展方向。然而，随着全球化进程的不断推进，单纯的经济数据和市场反应已不能满足复杂多变的市场需求分析。消费市场已不仅仅是由经济因素驱动，还深受文化、伦理、社会环境等因素的影响，因此，电子商务专业的学生必须具备较强的跨文化理解能力，以便在全球化的背景下进行精准的市场定位和决策。

市场分析的核心目标是理解消费者的需求，而消费者需求的差异性往往与其文化背景息息相关。例如，在不同地区，消费者的购买习惯、产品偏好和价值观都有显著不同。此外，许多消费者在购买时不仅考虑功能和价格因素，还会关注平台对社会责任、环保等的承诺。这些文化差异是全球电子商务平台在设计和运营过程中必须考虑的重要因素。

为了更好地适应这样的市场环境，培养跨文化的理解力显得尤为重要。必须能够敏锐地捕捉到不同地区消费者的文化特征，并根据这些特征调整市场策略。例如，在设计一个面向不同国家的电子商务平台时，需要根据目标市场的文化差异调整平台的语言风格、广告设计、支付方式以及售后服务等。这种文化理解能力有助于根据不同市场的需求作出更精准的决策，避免文化差异导致的产品不适配或市场推广失败。

2. 伦理道德与决策能力的结合

电子商务行业的竞争日益激烈，企业的商业决策质量直接影响到企业的可持续发展。而决策能力的培养，不仅仅依赖于技术和市场需求的分析，还需要在决策过程中融入伦理道德判断。

在实际的商业决策中，伦理道德的判断往往没有明确的标准，而更多地是依赖决策者的社会责任感和道德观念。例如，在设计一款新的电子商务产品时，首先要考虑的是产品的市场潜力、受众群体以及竞争对手的情况。然而，仅仅依赖这些因素是远远不够的，还必须考虑到该产品对社会和环境的影响。某些电子商务平台在追求低成本的过程中，可能会忽视环保要求，导致产品的生产对环境造成污染。在这种情况下，需要权衡短期的市场利润和长期的社会影响，作出符合社会伦理和环保标准的决策。例如，电子商务平台的产品推广常常涉及大量的数据收集和使用。在设计电子商务平台时，不能仅仅满足于提高数据利用率，更要考虑如何合理使用消费者的数据，避免侵犯消费者的隐私。数据隐私保护和信息安全问题，已成为当前全球范围内广泛关注的议题，尤其是在《通用数据保护条例》等法律逐渐推行的背景下，如何合法合规地使用数据成为电子商务平台必须遵循的底线。

电子商务企业的社会责任感也需要在决策能力中得到体现。在许多发展中国家，电子商务平台的兴起促进了经济的发展，但同时也带来了诸如过度剥削劳动力、产业不公平竞争等问题。在这种背景下，在进行产品设计、市场推广或其他商业决策时，必须从伦理的角度考虑，确保其决策不会对社会造成负面影响。培养学生的伦理道德观念，能够帮助他们在商业决策中更好地平衡经济利益和社会责任。

批判性思维是这种决策能力的重要组成部分，它能够帮助学生从多维度、多角度进行思考，分析决策的潜在风险与机遇。尤其是在涉及社会责任和道德判断时，学生的批判性思维能够促使他们从更广泛的视角看待问题，避免单纯的经济思维局限。例如，在面对环保产品的设计时，学生能够站在环保、文化和伦理的角度，对其进行多方面的评估，确保产品的设计和生产不仅符合市场需求，还能推动社会的可持续发展。

（二）批判性思维与人文素养的互相促进

1. 批判性思维的培养与实践

批判性思维是现代教育中不可或缺的一项核心素质，尤其在电子商务领域，学生需要具备能够从不同角度思考问题的能力。这种思维模式要求学生不仅要深入分析市场需求和技术趋势，还要考虑更多方面的因素，包括伦理道德、文化背景和社会影响等。批判性思维的培养，不仅仅是学生获取专业知识的过程，更是对学生思维能力、问题意识和创新能力的锻炼。批判性思维使学生能够避免固守传统的思维模式，从而能够提出创新的、符合市场需求的解决方案。在实际的电子商务教学中，批判性思维的培养往往涉及多种层次的实践。例如，在进行市场营销策略设计时，不仅要关注产品如何满足市场需求，还要从更广泛的角度分析其对社会的影响。在设计电子商务广告时，需要关注广告语言的使用、视觉效果的传达、广告内容的文化适配性等多个方面。这些因素不仅会影响广告的效果，还会对消费者的心理产生深远影响。例如，某些电子商务广告可能通过过度夸张的宣传手法来吸引消费者，这种做法可能会在短期内提高销售量，但从长远来看，这种误导消费者的做法可能会损害品牌的信誉。批判性思维的实际运用不局限于市场营销策略的设计，还可以在电子商务平台的其他领域得到广泛应用。例如，在平台设计、物流管理、消费者服务等方面，需要通过批判性思维从各个层面进行分析，识别潜在的社会风险和文化障碍。

2. 批判性思维与社会责任的结合

批判性思维的培养在电子商务教育中的重要性，不仅体现在技术分析和市场评估方面，更在于它帮助学生识别和应对社会责任相关的议题。在电子商务领域，不仅需要考虑技术和市场需求的变化，还应当考虑到平台设计与运营过程中所涉及的伦理和社会责任。批判性思维与社会责任的结合，有助于从多角度审视电子商务行业中潜在的社会问题，提出更加符合伦理标准的创新方案，并推动行业朝着更加人性化和负责任的方向发展。

电子商务平台的设计和运营不可避免地会涉及用户隐私保护、数据安全、平台内容监管等社会责任问题。在这一过程中，需要通过批判性思维来识别潜在的社会风险，并在设计解决方案时，充分考虑道德、法律和文化的要求。例如，随着个人隐私保护问题日益受到关注，电子商务平台必须合理合法地使用用户数据，避免用户信息被滥用或泄露。学生在学习过程中，必须意识到数据保护不仅是技术问题，更是伦理问题。因此，批判性思维要求学生不仅要具备技术上的解决能力，还要从社会责任的角度出发，确保他们提出的解决方案符合伦理道德标准，推动平台的可持续发展。例如，在设计一个新型电子商务平台时，需要考虑如何平衡数据利用与隐私保护的问题。一方面，平台需要收集用户数据来进行精准的市场定位和产品推送；另一方面，必须保护用户数据不被滥用，遵循相关法律法规，如《欧盟通用数据保护条例》等国际标准。批判性思维的作用在于，学生能够从多维度分析数据的使用边界，设计出既符合市场需求又符合法律伦理要求的产品和服务。除此之外，学生还应通过批判性思维，认识到电子商务平台在全球化背景下可能面临的社会责任问题。例如，电子商务平台可能涉及劳动剥削、环境污染等问题，特别是在跨国电子商务平台的供应链管理中，需要识别出供应链中可能存在的道德隐患，并提出相应的解决方案。这不仅是一个商业决策问题，更是社会责任和道德问题。

批判性思维与人文素养的结合，帮助学生在职业生涯中成为具有社会责任感和道德观念的领导者。通过批判性思维的培养，学生能够在面对这些社会责任问题时，从多方面进行理性分析和综合判断。批判性思维为学生提供了一个框架，让他们能够在决策过程中权衡市场利益和社会责任，而人文素养则为这一决策提供了伦理道德的指导。

（三）情商与沟通能力的培养

1. 情商与团队协作的关系

随着行业的快速发展和市场竞争的加剧，越来越多的企业开始依赖跨部门和跨职能的团队来应对多元化的工作任务和复杂的市场环境。有效的团队协作不仅能够提升工作效率，还能够增强团队的创新能力，推动项目的成功。然而，团队成员之间的差异性，尤其是在思维方式、文化背景、工作习惯等方面的差异，常常会给团队协作带来挑战。

情商高的学生能够更好地理解自己和他人的情感状态，尤其在团队内出现冲突时，他们能够及时察觉到团队成员之间的情绪变化，并通过积极的情感管理技巧来缓解紧张局势。例如，在跨部门合作项目中，团队成员可能因目标不一致或资源分配问题产生分歧。在这种情况下，情商高的学生能够识别和理解团队成员的需求，调解冲突并找到合理的解决方案，从而有效推动团队合作进程。

情商的培养能够帮助学生在团队合作中更好地适应多元化的工作环境。在现代电子商务公司中，员工来自不同的文化和专业领域，这种多样性虽然能带来创新和多元视角，但也可能导致沟通上的障碍或误解。情商高的学生能够在这种环境下更好地理解他人的观点，并通过积极的情感表达和倾听，减少沟通误差，确保信息的准确传递。情商的培养，使学生在面对团队合作中的各种挑战时，能够灵活应对并作出恰当的反应，从而提高整个团队的工作效率和协调性。

情商的高低直接影响到学生的职场适应能力。在未来的职业生涯中，学生将面临多种多样的团队合作任务，具备较高情商的学生能够在这种环境中迅速融入并发挥个人优势。通过情商的培养，学生不仅能够在团队中发挥出色的作用，还能帮助团队实现更高效、更具创造力的协作，推动项目的顺利实施。

2. 跨文化沟通与情商的结合

随着全球化的加深，电子商务行业的市场不再局限于国内，企业越来越多地涉及跨国交易和国际市场的拓展。因此，跨文化沟通已经成为现代电子商务从业者必备的一项能力。跨文化沟通不仅仅是语言交流，更重要的是能够理解并尊重不同文化背景下的思维方式、行为习惯和价值观。在这一过程中，情商的提升发挥着至关重要的作用，能够帮助人更好地理解和调节跨文化沟通中的情感因素，避免文化冲突，促进高效合作。

跨文化沟通的成功，不仅依赖于语言的准确表达，还依赖于对对方文化背景的深刻理解和对不同价值观的尊重。在与不同国家或地区的客户进行沟通时，需要通过情商的调节，避免因为文化差异而产生误解或冲突。情商高的人能够通过察觉和理解对方的情感需求和文化特点，调整自己的沟通方式，从而提高沟通效率。例如，在与欧美客户进行商务谈判时，可能需要注重沟通的直接性，因为欧美文化通常偏向于直截了当，而在与亚洲客户交流时，过于直接的沟通方式可能会被视为不尊重。

情商的提升能够帮助人在跨文化沟通中更加敏感地察觉到潜在的文化障碍。跨文化沟通中的文化差异，不仅仅体现在语言的不同，还表现在行为习惯、时间观念、权威观念等方面的差异。例如，西方国家的商务交流往往更注重时间的高效和任务的完成，而东方文化中则可能更加强调建立信任关系和礼节。因此，情商高的人能够根据对方文化的特点，灵活调整自己的沟通策略，既不失商务礼仪又能确保谈判的效率。这种情商的运用，不仅有助于避免文化冲突，还能够在跨文化合作中建立良好的工作关系，从而提高项目的成功概率。

跨文化沟通能力与情商的结合，能够帮助人在全球化背景下更好地融入国际团队，并与来自不同文化背景的合作伙伴建立信任关系。在现代电子商务的运营中，企业往往需要跨国团队的合作来共同推动全球市场的发展。情商的高低直接影响到团队成员之间的互动和合作效率。具备高情商的人，能够在国际合作中发挥出色的领导力和协调能力，帮助团队克服文化障碍，提高工作效率。

（四）人文素养对职业发展的影响

1. 人文素养与领导力的关系

领导力不仅仅是管理技能的体现，在更深层次上更是对团队成员的理解、激励与引导，其中最为关键的因素之一便是人文素养。人文素养包括个人的文化修养、情感智慧、道德观念、社会责任感等，它为领导者的行为和决策提供了丰富的内涵。在电子商务行业，领导力的发挥不仅依赖于如何管理团队的资源、如何分配任务，还依赖于领导者是否能够正确理解团队成员的需求，建立起团队间的信任关系，并通过有效的沟通和同理心激励团队共同朝着目标努力。

人文素养使领导者具备较高的文化引导能力，这对于当今多元化的职场尤为重要。在跨文化团队合作中，领导者需要具备理解并调和不同文化之间差异的能力，帮助团队成员更好地协同工作。例如，在管理国际化团队时，领导者若能够敏锐地意识到文化差异的潜在影响，并且通过适当的沟通方式和团队建设活动来化解文化冲突，将有助于提高团队成员的工作效率并降低团队冲突发生的频率。具备人文素养的领导者可以通过对不同文化背景的理解，激励成员发挥最佳水平，促进团队在多元化环境下达成共同目标。

人文素养的培养能够帮助领导者关注员工的心理需求和情感需求。在当今竞争激烈的行业中，员工的心理健康和工作满意度直接影响到他们的工作表现和团队的整体表现。领导者若能够通过关心员工的情感需求，创造出积极、包容的工作氛围，将有效提高团队的凝聚力和士气。比如，领导者能够在团队成员遭遇困难时，提供心理上的支持与关怀，帮助他们度过职场中的难关，从而使团队始终保持高效合作和积极向上的工作状态。这种良好的领导力不仅有助于个人职业发展，也有助于企业的长远发展。

领导力的有效发挥，离不开领导者自身的价值观传递与文化引导。具备较高人文素养的领导者，往往能够清晰地传达团队的使命和愿景，激励团队成员朝着共同的目标迈进。这种价值观的传递，不仅能提升团队的工作动力，还能够促进团队成员之间的协作，帮助团队在面对挑战时不失去方向。

2. 人文素养与职业适应能力的关系

随着科技的迅猛发展和市场需求的不断变化，电子商务行业以及其他相关行业的从业者需要具备强大的适应能力。这种能力不仅体现在对新技术的迅速掌握上，还体现在对新环境、新任务的适应力上。具备较高人文素养的学生通常能够在面对新的工作任务时，灵活调整自己的工作方式，克服陌生环境中的挑战，从而在职业生涯中脱颖而出。

人文素养的培养能够帮助人建立全面的思维方式，尤其是在面对跨学科、跨领域的工作任务时，能够以更加灵活的方式思考问题。电子商务行业的发展日新月异，尤其是在数据分析、消费者行为分析、营销策略等方面，行业的技术和方法都在不断变化。具备较高人文素养的人，不仅能够应对这些变化，还能够从更广阔的视角看待行业发展，提出创新的解决方案。这种跨领域的思维能力，使人能够迅速融入不同的工作角色，在职场中更好地应对变化。

人文素养的提升帮助人培养出更强的同理心和跨文化理解能力，这在全球化的职场中尤为重要。随着国际化步伐的加快，许多电子商务企业已经进入了全球市场，团队成员来自不同的文化背景，市场需求和用户行为也存在很大差异。在这种环境下，具备较高人文素养的人能够从不同文化的角度理解问题，并且能够通过调整自己的工作方式来与不同文化背景的团队成员进行有效合作。无论是参与国际项目的协调，还是处理跨文化客户的需求，具备较高人文素养的人往往能在多元文化的环境中游刃有余，保持高效工作状态。

人文素养还能够增强人的情商和沟通能力。面对复杂的职场环境，不仅要具备过硬的专业技能，还需要能够与不同背景、性格的人建立有效的沟通。例如，面对客户问题的处理、团队冲突的化解，具备较高人文素养的人能够站在他人的立场进行思考，从而提出更具人性化的解决方案。无论是在工作中处理与客户的互动，还是在团队合作中调解成员之间的分歧，情商和沟通能力都能够帮助人更加顺利地完成工作任务，提升个人在团队中的作用和影响力。具备较高人文素养的人在面对复杂的职场环境时，能够通过综合考虑各方面的因素，作出更加全面和理性的决策。在面对复杂的工作任务和挑战时，他们能够运用人文素养中培养的思维方式，以更加高效、系统的方式解决问题。

二、创新与人文的结合

（一）创新思维的多维度培养

在电子商务平台的创新设计中，不仅需要关注技术层面的突破，如数据分析、算法优化、用户体验设计等方面的提升，还需要深入思考如何通过创新来满足社会需求，体现社会责任。单纯的技术创新可能带来市场份额的提升，但如果没有考虑社会价值和用户需求的深度融合，往往很难实现长远的成功。

电子商务平台的设计与创新不仅要求学生掌握技术能力，还要求他们具有社会责任感。例如，设计新型电子商务平台时，学生需要考虑如何保障用户隐私，如何通过技术手段确保数据的安全性，如何防止平台被滥用。随着信息技术的广泛应用，数据安全和隐私保护成为电子商务平台设计中的重要议题。学生在进行平台设计时，需要从人文关怀的角度思考，确保用户的个人信息不被泄露或滥用。

创新思维的培养也应注重文化层面的创新。电子商务的全球化发展要求学生在设计平台时，能够在技术创新的基础上，融入不同文化的元素。跨文化的电子商务平台设计，不仅要考虑产品的市场适应性，还要理解和尊重不同文化背景下消费者的需求和价值观。例如，在进入新的市场时，需要深入了解不同文化对电子支付、产品展示、语言表达等方面的接受度，从而确保平台的设计和运营符合当地文化特点。在这种多维度的创新中，不仅能够提供更优质的用户体验，还能推动全球电子商务市场的多元化发展。

（二）人文关怀与社会责任的结合

创新不仅仅是为了提升企业的市场竞争力，更应承担起应有的社会责任。作为未来的电子商务从业者，学生在进行电子商务平台设计时，应当注重人文关怀的融入。人文关怀不仅能够满足社会上不同群体的需求，还能够传递出企业的社会责任感，体现企业对弱势群体和社会公平的关注。因此，在进行电子商务平台设计时，应该将人文关怀纳入创新设计的核心内容，推动商业模式的创新与社会责任的结合。以弱势群体的需求为例，老年人、残疾人等群体在日常购物中面临较多的障碍。随着电子商务平台的普及，弱势群体的在线购物需求也在不断增加。为了帮助这些群体更好地参与到电子商务中，平台的设计需要充分考虑他们的特殊需求。例如，平台可以提供无障碍设计，确保视觉障碍者能够通过语音助手进行操作，或通过更大的字体和简单的界面设计帮助老年用户更方便地浏览商品。

绿色环保也已成为社会关注的热点问题，尤其是在电子商务行业，如何将环保理念融入商业模式中已成为重要课题。在电子商务平台设计时，可以考虑如何鼓励消费者进行环保购物，例如推动二手商品的交易、采用环保包装材料等。通过绿色认证等手段，平台不仅能够提高环保意识，还能够促进消费者的环保行为，推动绿色消费模式的形成。环保设计的创新不仅满足了市场和消费者对环保的需求，还能够提升企业的社会责任感，增强品牌的社会价值。在进行电子商务平台创新设计时，必须在技术和伦理的框架内找到平衡。伦理道德在创新中的考量尤为重要。在设计平台时，除了考虑如何优化用户体验、提高销售效率外，还应当考虑其创新是否符合伦理标准。例如，设计广告推荐系统时，应该避免平台在无用户同意的情况下，过度收集和使用个人数据；在平台的内容管理中，避免发布虚假广告或误导性信息。通过将伦理道德融入创新过程中，能够设计出更加符合社会责任的电子商务平台，帮助企业获得公众的信任与支持，从而实现可持续发展。

人文关怀与社会责任的结合，能够为学生提供更加全面的创新视角。通过关注弱势群体和环保等社会问题，学生不仅能够设计出符合市场需求的电子商务平台，还能在设计中体现企业的社会责任和文化价值。这种创新不仅推动了技术的进步，还促进了社会的进步，提升了社会的整体福祉。对于未来的电子商务行业而言，承担社会责任的企业将更具竞争力，并在激烈的市场竞争中脱颖而出。

三、职业发展与人文素养

（一）领导力与团队合作中的人文素养

1. 团队合作与沟通协调能力

电子商务行业中的竞争日益激烈，企业成功的关键之一便是能够组建并维护一个高效的团队。团队合作作为电子商务行业中的核心竞争力，要求团队成员具备良好的沟通能力和协调能力。培养人文素养，不仅能够帮助团队成员之间有效沟通，还能够促进团队合作，提升整体的工作效率。具备较高人文素养的人往往具备较强的同理心，能够站在他人的角度思考问题，理解团队成员的需求和情感，从而建立更加和谐的工作氛围。在人际关系复杂的职场中，领导力的发挥不仅依赖于管理技能的运用，还需要对团队成员的情感、心理需求以及文化背景的深刻理解。一个成功的领导者需要通过文化引导和价值观传递，激励团队成员的积极性和创造力，从而推动团队目标的实现。领导者的人文素养使其能够在团队内外建立信任关系，发挥积极作用。

2. 领导力与价值观传递

领导力的本质不仅是完成任务，还在于如何激励和引导团队成员朝着共同目标努力。具备较高人文素养的领导者能够通过对团队成员的关怀与引导，激发他们的潜力，并为团队注入正能量。当团队成员面临困难时，领导者可以通过与成员的沟通，了解他们的困难和需求，并通过激励言辞和行动给予支持。这种基于人文素养的领导力不仅有助于增强团队凝聚力，还能够提升团队的整体士气，从而实现更高效的团队合作。

在人文素养的支持下，领导者能够清晰地传达团队的价值观和目标，使每个团队成员都能清楚地理解其角色和责任。这种透明的价值观传递，有助于形成统一的目标导向和共同的价值认同感，进一步提升团队的执行力和创新能力。通过培养人文素养，可以提升自己的领导能力，使其在团队中不仅能担当领导角色，也能够在团队合作中发挥重要作用，推动团队和个人的共同发展。

（二）人文素养在决策中的作用

1. 决策能力的多维度思考

在电子商务行业，决策的质量直接影响企业的生死存亡。尤其在面对市场变化和客户需求快速变化时，能够作出理性、周全的决策成为企业是否能够长期发展的关键。具备较高人文素养的人，能够在面对复杂的职场环境时，从多个维度进行思考，作出更加全面和理性的决策。人文素养为决策提供了更加多元的视角，使人在作出决策时，能够从伦理、文化、社会责任等层面进行综合分析，避免单纯依赖数据和技术决策。例如，在处理客户投诉时，具备较高人文素养的人能够站在客户的角度理解问题，从而提供更加人性化的解决方案，不仅通过技术手段或流程来解决客户的问题，还能够通过深入的情感理解和沟通，发现并解决客户深层次的需求。这种决策方式更加注重客户体验，也能够有效提升客户的忠诚度，进一步增强企业的竞争力。

2. 社会责任的综合考虑

在电子商务的日常运营中，企业不仅是为了营利而存在，还承担着一定的社会责任。具备人文素养的人能够在决策时，综合考虑企业的社会责任，确保企业在追求经济利益的同时，兼顾社会伦理和公共利益。例如，在设计一款新的电子商务平台时，不仅要关注平台如何吸引更多的用户、如何提升用户体验，还要考虑到平台在数据使用、广告投放和产品推荐等方面的社会责任。企业在提供个性化推荐时，如何确保算法的公平性、透明性，以及如何避免对某些用户群体的偏见，都是值得关注的重要问题。通过结合人文素养，能够在决策过程中识别潜在的社会伦理问题，从而提出更具社会价值的商业解决方案。比如，设计绿色电子商务平台时，可以考虑平台如何引导消费者进行环保购物、减少不必要的消费、推广二手商品交易等。这些决策不仅提升了消费者的环保意识，也能够推动社会向更可持续的发展方向发展。

（三）应对职场挑战与危机管理

1. 职场挑战的应对策略

职场中的挑战无处不在，尤其在快速发展的行业如电子商务领域，市场需求变化和技术更新速度较快，企业需应对的挑战层出不穷。无论是团队冲突、客户投诉，还是技术难题和市场竞争压力，都需要具备良好的应对能力。具备较高人文素养的人能够在面对这些挑战时保持冷静，运用理性思维解决问题，从而有效应对职场挑战。人文素养不仅帮助人处理冲突，还能提升其人际沟通的能力，帮助其在团队中发挥调解和促进合作的作用。例如，当一个团队内部沟通不畅导致工作进度滞后时，具备人文素养的人能够通过倾听和理解团队成员的不同观点，帮助团队成员找到共同的解决方案，从而消除矛盾，提升团队的协作效率。

2. 危机管理中的情感与理性平衡

职场中不可避免地会面临危机，如何有效管理危机、减少其负面影响，是每一位职场人士需要面对的重要课题。危机管理不仅是技术性和战略性的问题，还涉及情感管理和人际沟通。具备人文素养的人，能够在危急情况下平衡情感与理性的应对方式。例如，在企业面临市场变动或客户投诉时，可以引导团队保持冷静，通过有效的沟通和协调，找到合适的解决方案。无论是在与客户的互动中，还是在与团队成员的协调中，具备较高人文素养的人能够理性分析问题并及时采取措施，帮助企业渡过难关。在危机处理中，能够结合伦理道德观念，保证决策的公正性和透明性。例如，在面对公司财务危机时，能够站在员工和股东的角度，制定出公平合理的解决方案，避免引发更多的冲突。

第六章　校企合作模式下的就业导向培养与服务

第一节　校企合作中的就业导向培养模式

一、就业导向课程与培训模式的设计

（一）课程内容的实践性

在当前教育体系中，许多课程过于依赖理论知识的传授，忽视了与实际工作场景的对接，导致学生毕业后在实践中面临较大的适应困难。校企合作能够有效弥补这一缺失。通过与企业的合作，学校能够更加精准地了解行业需求，将企业的工作实践、真实案例以及岗位技能需求融入课程中，确保学生学习的知识能够直接应用于实际工作中，从而提升学生的就业竞争力。以电子商务专业为例，传统的课堂教学可能侧重于电子商务的基础理论、技术应用、管理方法等方面。然而，单纯的理论学习并不能满足现代职场对专业人才的需求，尤其是在技术日新月异的电子商务行业，学生必须具备能够迅速上手的实际操作能力。为了增强课程的实践性，学校可以与企业合作开设“电子商务平台运营”课程，该课程不仅包括电子商务平台的基础知识，还可以让学生参与实际的项目运营，提供模拟平台管理、数据分析、用户体验设计等方面的实践机会。通过这些实践活动，学生能够从中了解平台的运营流程、数据的运用、营销策略的制定等实际工作内容，使在课堂上学到的理论知识得到实际运用，形成完整的学习闭环。此外，企业专家的参与同样能够大大增强课程内容的实用性。

学校还可以定期组织学生参观企业、进行企业实地调研等活动，使学生能够直接体验行业环境，了解企业文化及日常工作流程。通过实地走访，学生能够更

加深入地了解行业发展趋势和企业需求，从而更好地理解课堂所学的知识，并能够将其应用到具体的工作中。通过这些实践性的课程设置，学生能够提前适应职场环境，弥补课堂学习与实际工作之间的鸿沟，提升他们的就业竞争力。

就业导向课程的实践性设计不仅帮助学生提高了操作能力，还增强了他们的就业信心。通过与企业实际工作场景的接轨，学生能够真正做到学中做、做中学，使他们能够在毕业后迅速适应工作岗位的要求，增强其在职场上的生存能力。

（二）培训模式的灵活性

除了课程内容的实践性，培训模式的灵活性在就业导向培养模式中也显得尤为重要。在快速发展的行业中，学生的需求和市场的需求不断变化，传统的“一刀切”式的培训方式已经难以满足不同学生的需求。因此，培训模式必须具备灵活性，以适应不同学生的个性化需求，并能够满足企业对人才的特定要求。学校可以与企业合作，开设针对特定领域的短期定制化培训课程。这些课程可以专注于企业当前急需的技能或热门领域，如数字营销、数据分析、人工智能等。这些定制化课程的灵活性和专业性，能够帮助学生在短期内掌握行业最新技能，使其更具市场竞争力。同时，这类课程能够满足企业对高素质人才的需求，为企业培养出符合其具体需求的专业人员。

学校还可以采用混合式的培训模式，通过线上和线下结合的方式，为学生提供更多元的学习机会。线上课程能够打破时间和空间的限制，让学生能够随时随地学习，尤其适合那些需要灵活学习安排的学生。通过在线课程、网络研讨会、工作坊等形式，学生可以根据个人兴趣和职业发展需求，选择感兴趣的课程进行学习。线下学习则提供了更多互动的机会，如通过工作坊等实践环节，学生可以在模拟的职场环境中锻炼自己的实际能力，提升其解决实际问题的能力。

灵活的培训模式能够有效提升学生的个性化发展空间，并确保所学技能与企业需求高度契合。通过快速调整培训内容，学校能够确保学生掌握市场所需的最新技能，从而为学生提供更多的就业机会，并帮助企业快速找到符合其要求的优秀人才。

（三）职业素养的培养

职业素养是指学生在进入职场后，能够迅速适应工作环境，与同事和上司建立良好的关系，具备良好的沟通、团队合作、问题解决等能力。在就业导向课程和培训中，学校应加强对学生职业素养的培养，帮助他们提高在职场中的综合能力。学校可以开设“职业礼仪与沟通技巧”课程，帮助学生掌握职场中的基本礼仪和沟通技巧。这类课程不仅包括商务沟通、职场礼仪、职业规划等内容，还涉及如何在职场中展现出自信、如何与同事和上司建立良好的关系等实际问题。通过这些课程，学生可以提前了解职场文化，培养出与企业需求高度契合的职业素养，使其更具有职场竞争力。

模拟面试是职业素养培养的重要环节。学校可以通过与企业的合作，定期举行模拟面试活动，为学生提供真实的面试体验。这些模拟面试活动不仅能够帮助学生提高面试技巧，还能够增强他们在实际面试中的自信心。通过模拟面试，学生能够在实践中发现自己的优点和不足，进而改进自己的求职表现。

学校可以提供职业规划辅导，帮助学生明确职业目标，制定职业发展路径。通过这种辅导，学生能够在进入职场前清晰地规划自己的职业发展方向，避免因目标不明确而在职场中迷失方向。

职业素养的培养为学生进入职场做好了充分的准备，不仅帮助学生掌握了基本的职场礼仪和沟通技巧，还增强了他们在工作中与他人合作、解决问题的能力。通过学校与企业的紧密合作，学生能够获得更多的职业素养提升机会，进一步提升他们的就业竞争力。

二、学生就业能力与企业需求的契合

（一）企业需求调研与分析

1. 深入调研企业对人才的需求

了解企业对人才的需求是实现学校与企业合作、提升学生就业竞争力的第一步。学校可以通过多种方式获取企业的需求信息，其中问卷调查和企业访谈是常用的调研方法。学校可以定期发放问卷，了解企业对新兴领域（如人工智能、大数据、物联网等）的具体技能需求，了解企业对求职者的职业素养、团队合作能力、沟通能力等软技能的要求。企业访谈也是一种高效的调研方式。学校可以组织行业专家和企业高管与学生进行定期的交流活动，了解他们对人才的实际要求和预期。这不仅可以帮助学校深入了解各企业的实际用人标准，还能够为课程设置和教学内容的调整提供准确的方向。例如，学校可以与大型电子商务平台如阿里巴巴、京东等合作，邀请平台的管理人员和技术专家与学校教师进行沟通，探讨行业发展趋势和人才需求，进而推动教学内容与市场需求的紧密对接。

2. 行业分析与市场需求的趋势预测

电子商务、人工智能、金融科技等行业的快速发展和创新，使企业对专业技能的需求不断发生变化。学校应通过行业报告、市场分析、学术研究等渠道，了解当前行业的热点领域和未来发展趋势，及时调整课程内容，以确保学生所学技能始终处于行业前沿。随着大数据和人工智能技术的发展，企业对数据分析、算法优化、智能化运营等技能的需求日益增加。学校应加强与这些领域企业的联系，将大数据分析、人工智能基础等课程融入电子商务、计算机科学、市场营销等相关专业中。通过深入分析行业趋势，学校可以提前为学生的职业规划提供更具前瞻性的培养路径，并帮助学生掌握企业急需的技能。

3. 企业调研与校外实习的结合

为了更加准确地了解企业需求，学校可以通过校外实习和行业合作等方式，让学生亲身体验企业的工作环境和需求。学校可以与电子商务企业合作，让学生参与到企业的日常运营、市场调研、数据分析等具体工作中，从而深入了解企业在实践中对人才的实际需求。通过定期安排学生到企业进行实习，学校不仅能够帮助学生积累实践经验，还能够直接从企业的反馈中获取最新的用人需求信息。依据企业反馈的宝贵数据以及学生实习的表现，学校能够实时调整课程设置、优化教学方法，确保教学内容能够满足企业的实际需求。

（二）学生能力评估与提升

1. 多维度评估学生的就业能力

为了更好地评估学生的就业能力，学校可以通过多维度的评估方式，全面了解学生的专业能力和综合素质。传统的学术成绩评估无法全面反映学生的实际能力，因此，学校应结合实践项目、技能测试、案例分析、职场模拟等多种方式，对学生的能力进行多角度、多层次的考查。学校可以定期组织学生参加技能测试，测试内容可以涵盖专业领域的核心技术、工具的使用、数据分析等方面。通过技能测试，学校能够直观了解学生在实际工作中可能遇到的技术难题和其解决问题的能力。学生则可以通过项目展示、案例分析等方式，展示自己在实际工作中所取得的成果和思考，进一步证明其解决实际问题的能力。

2. 企业合作开展能力提升计划

通过与企业的合作，学校可以开展能力提升计划，为学生提供更多的实践机会和培训内容。企业可以根据自己的需求，制订培训计划，帮助学生提升实际工作能力。企业导师可以参与到学校的教学中，为学生提供更多的实践指导，并通过指导学生完成实际项目、解决实际问题等方式，帮助学生提升自身能力。通过这种方式，学生不仅能够将所学的理论知识应用到实际工作中，还能够直接从企业导师的反馈中发现自己的不足，进行有针对性的提升。

3. 评估结果反馈与课程调整

学生的能力评估不仅是对学生能力的检验，更是学校教学质量提升的依据。通过定期的能力评估，学校可以发现学生在学习过程中存在的不足，并结合企业需求及时调整课程内容。例如，在数据分析课程中，若学生普遍对数据处理软件的掌握存在困难，学校可以根据评估结果增加这方面的内容，加强学生在工具使用上的实践训练。

（三）企业与学生的双向选择

1. 双向选择机制的设计

为促进企业与学生之间的双向选择，学校可以通过组织企业招聘会、实习双选会、校企座谈会等活动，为企业和学生提供面对面的交流机会。在这些活动中，学生可以向企业展示自己的能力、了解企业的需求和文化，而企业则可以直接评估学生的能力，提前选拔合适的人才。通过双向选择机制，学生能够更好地了解自己未来可能进入的工作环境、工作内容及企业文化，从而作出更符合自己职业规划的选择。

2. 校企合作的实习与实训

为了增强双向选择的效果，学校可以通过校外实习和实训项目，进一步加强企业与学生之间的互动。在实习过程中，学生能够在企业的真实工作环境中工作，企业则可以全面评估学生的能力，并为其提供实际的岗位体验。这种实习过程不仅帮助学生积累工作经验，也能够让企业提前了解学生的实际能力，确保人才的准确选拔。

3. 实习反馈与就业机会的转换

学生可以通过实习了解企业的工作环境和职位要求，企业则可以通过实习考查学生的工作表现，为正式聘用提供依据。在实习结束后，企业可以根据学生的表现，提供直接的就业机会或进一步的培训机会。通过这种方式，双向选择能够提高就业率，帮助学生更顺利地找到符合自己期望的工作岗位。

第二节　企业需求的精准对接与人才培养

一、企业专家参与课程设计

（一）企业专家的作用与优势

企业专家在课程设计中的作用极为重要，他们不仅了解行业的最新动态，还对市场需求和人才培养的标准有深刻的理解。与学术界的研究导向不同，企业专家注重的是将理论知识与实际工作环境相结合，帮助学生掌握在实际工作中能够立即运用的技能。通过邀请企业高层管理人员、技术骨干以及项目经理等参与课程设计，学校能够在课程设置上精准对接企业需求，从而确保学生获得最新的行业信息和实践经验。

企业专家的加入，使课程设计能够更加紧密地对接行业发展和市场需求。在电子商务领域，随着新兴技术和市场需求的不断变化，传统的电子商务课程往往集中于基本的电子商务理论和常规运营流程，但这些内容往往无法满足企业日益复杂的需求。因此，通过与电子商务平台等企业的合作，学校可以邀请电子商务平台的运营经理、数据分析师和市场营销专家等作为课程设计专家，确保课程能够包含最前沿的电子商务平台运营策略、数据分析方法、消费者行为研究等内容。这种合作模式可以确保学生不仅学习到基础的电子商务知识，还能在课程中掌握适应快速发展的行业需求的技能，如精准的市场分析能力、产品设计与推广策略、消费者行为预测等。通过企业专家的参与，课程不仅能够紧跟行业趋势，还能提升学生的行业适应能力，使其能够在毕业后迅速投入实际工作中。更重要的是，学生通过与企业专家的互动和学习，能够获得实践经验和行业资源，从而大大提高其就业竞争力，帮助学生更好地理解行业规则，提升其职业素养。

（二）实现课程内容的实时更新

在快速发展的行业中，技术的进步和市场需求的变化日新月异，传统的课程内容往往滞后于行业的实际需求。企业专家的参与能够为课程内容的更新提供源源不断的动力和保障，确保课程内容始终与行业标准保持一致。通过企业专家的参与，学校能够根据企业和行业的发展变化，实时更新课程大纲和教学内容，确保学生所学的知识能够适应快速变化的市场需求。例如，在数据科学、人工智能和大数据等新兴领域，技术的更新速度非常快，传统课程中所使用的算法和技术框架可能已经过时。如果没有企业专家的介入，课程内容就很难及时反映最新的技术进展和行业应用需求。通过与领先企业的合作，学校可以获得最新的技术标准和应用案例，企业专家能够帮助学校设计涵盖最新算法、数据分析工具、深度学习模型等内容的课程。

企业专家能够帮助学校通过定期更新课程内容和教材，使学生始终掌握行业发展的最前沿技术和理念。例如，随着人工智能技术的应用日趋广泛，企业专家能够为学校提供最新的应用案例和技术需求，学校据此更新课程，能够增强学生在人工智能领域的实践能力。同时，企业专家还能够通过定期讲座、研讨会等形式向学生传递行业发展趋势，使课程内容能够不断调整和升级，以满足行业的最新需求。

（三）多方位的行业实践结合

企业专家不仅能够为课程设计提供专业的技术指导，还能通过提供真实的行业案例和项目支持，使课程内容更加贴合实际工作需要。企业专家的参与可以帮助学生更好地理解如何将所学理论应用于实际问题中，从而提升学生的实践能力和独立解决问题的能力。在这种模式下，学生不仅能够学习到专业的理论知识，还能够通过实践深入理解理论的实际应用。在电子商务课程中，企业专家可以带领学生分析电子商务平台的运营数据、市场推广策略、客户服务等环节的实际案例。

企业专家还可以为学生提供企业的实习机会，将课堂学习与企业实践紧密结合。学校可以与企业合作，安排学生进入企业进行定期的实习，学生在实习过程中将直接参与到企业的项目实施中，体验企业的工作流程，解决实际的工作问题。通过这种方式，学生不仅能够积累实践经验，还能在企业导师的指导下，了解行业的最佳实践和最新技术，提升自己在职场中的适应能力和执行能力。

二、企业项目融入课程教学

（一）企业项目的具体实施

在校企合作中，企业项目融入课程教学的具体实施是一个系统化的过程，涉及企业实际问题的引入、学生的参与以及项目的管理与评估等环节。通过将企业的当前实际项目引入到课堂教学中，学校能够为学生提供一个真实的工作环境，让学生不仅能够掌握理论知识，还能够通过实践来提升自己的专业能力。例如，与一家电子商务平台合作，学校可以将平台的运营项目带入“电子商务平台运营”课程中，让学生不仅学习平台的运营理论，还能够直接参与到平台的实际运营中，了解数据分析、市场推广、用户行为分析等具体工作内容。

企业项目的实施具体包括以下几个方面。

1. 企业问题的引入

学校与企业协商确定需要学生参与的具体项目，企业可以选择当前的运营问题、技术难题或创新项目等作为课程的核心内容。例如，企业可能在其平台的用户增长、数据分析或市场定位方面面临困难，学校可以基于这些实际问题设计课程内容，安排学生在企业导师的指导下进行分析和解决。

2. 学生参与的实际环节

学生将在项目中扮演实际角色，参与项目的策划、实施和评估等工作环节。具体来说，学生可能需要负责收集市场数据、分析用户行为、制定营销方案、进行产品优化等实际操作。这不仅帮助学生将所学的理论知识应用到实际工作中，还能够锻炼学生在真实工作环境中解决复杂问题的能力。

3. 项目管理与评估

项目管理与评估是企业项目融入课堂教学的重要环节。学校可以与企业共同制订项目的具体实施计划，明确每个阶段的目标和任务，并定期进行评估。通过项目管理，学生可以在实际操作中学到如何在团队中进行分工合作、如何高效管理项目进度和风险控制，同时还能够通过评估了解自己在项目中的表现，进而改进工作方式，提升工作效率。

（二）增强学生的职业适应能力

通过参与企业项目，学生能够在真实的工作环境中锻炼其职业素养，增强其职业适应能力。学生在企业项目中不仅能够学到专业的技能，还能够深刻理解企业的工作流程、企业文化以及团队协作的重要性。与企业团队共同工作，学生能够提前了解企业的工作节奏、团队运作方式和职场的实际需求，从而为进入职场做好准备。

1. 了解企业的工作流程

企业项目通常涉及企业运营中的多个环节，通过参与企业项目，学生能够直观了解企业的日常运作，包括企业的管理模式、决策流程、信息流通和资源配置等方面；学生能够深入了解不同部门的协作方式和沟通方式，掌握企业的工作流程，从而增强其职场适应能力。

2. 培养团队协作和沟通能力

企业项目通常要求学生与团队成员密切合作，共同完成项目任务。在这个过程中，学生需要不断与团队成员进行沟通、协调，解决工作中的分歧和冲突。这种团队合作不仅能够培养学生的沟通能力，还能够帮助学生提高在团队中发挥作用的能力。此外，学生在与企业团队成员的互动中，能够学会如何根据企业文化调整自己的行为和沟通方式，以更好地融入团队。

3. 提前积累职场经验

企业项目给学生提供了一个接触职场的机会，让学生能够提前积累工作经验。学生通过参与企业实际问题的解决，不仅能够学到最新的行业技术，还能够提升自己的问题解决能力和创新能力。企业项目的参与使学生在完成项目的过程中锻炼其独立思考、批判性分析和创新思维的能力，这些技能对于学生未来的职业发展至关重要。

4. 培养职业素养和职场行为

在企业项目中，学生不仅需要展现其专业能力，还要遵循职场的规范和行为要求。参与企业项目使学生能够理解职场中的时间管理、责任分配、任务执行等基本要求。通过与企业导师和团队成员的互动，学生能够进一步了解职场中的职业道德、企业文化和社会责任等方面的内容，提升自己的职业素养，为进入职场做好准备。

三、企业导师制度的建立

（一）企业导师的角色与职责

企业导师通常是企业内部的资深人员，具备丰富的行业经验和实践背景，对行业的运作方式、市场需求以及企业文化有深刻的理解。与学术导师不同，企业导师的价值不仅在于学术指导，更在于提供实践经验、帮助学生积累职场技能和知识。他们通过定期的交流和一对一指导，帮助学生将理论与实践相结合，尤其是指导学生在实际工作中如何应对挑战、处理复杂问题及如何在企业环境中开展有效的沟通与协作。

企业导师能够帮助学生了解企业的运作模式和行业的工作要求。学生在课堂上通常学到的是理论知识，但进入职场后，他们会发现很多实际情况与课堂内容存在差异。企业导师可以通过自身经验，帮助学生尽快适应这种差异，指导学生如何在企业中开展工作，如何遵守企业文化，如何理解企业的运作流程。

企业导师的一个重要职责是为学生提供职业规划建议。现代职场竞争激烈，学生在刚进入职场时往往缺乏对自己职业发展的全面认识，容易迷失方向。企业导师不仅能为学生提供行业内部的职业发展路径，还能帮助学生分析个人兴趣与职业选择之间的关系，确定适合自己的发展方向。企业导师基于自己在企业中的经验，可以帮助学生规避常见的职场误区和挑战，明确自己的职业目标和成长路径，从而为未来的职业生涯打下坚实基础。

（二）企业导师与学生的互动

企业导师与学生之间的良好互动，不仅有助于学生职业素养的提升，还能增强学生在职场中的自信心和竞争力。通过与企业导师的密切互动，学生能够获得实用的行业知识和职业发展的具体指导，从而在进入职场之前做好充分的准备。

企业导师与学生的互动通常是双向的，企业导师不仅指导学生解决学术或实践问题，也能从学生的提问中获取新的视角，发现行业发展中可能被忽视的细节。在这种互动中，学生可以通过与企业导师的对话，逐渐建立起对行业的深刻理解，并且在企业导师的引导下，逐步形成自己对职业生涯的认识和目标。通过与企业导师的交流，学生还可以学习到如何在职场中进行有效的沟通、如何处理复杂的人际关系以及如何在不同的工作环境中保持积极的工作态度和高效的工作方式。

企业导师的指导不仅仅限于学术和职业发展层面，还涉及个人职业素养的全面提升。企业导师通常是行业内具有高度经验的专业人士，他们对行业趋势、技术发展、市场变化等方面有着丰富的见解。通过与企业导师的定期互动，学生可以接触到行业的前沿信息，了解当前行业面临的挑战和机遇。这种行业内的深刻理解可以帮助学生更好地把握职业发展的机会，增强应对职场变化的能力。

与此同时，企业导师还可以帮助学生调整个人职业发展策略。很多学生在初入职场时，对职场文化和个人发展方向不够明确，企业导师可以通过分析学生的兴趣、特长和市场需求，提供切实可行的职业发展建议，帮助学生更好地规划职业生涯。企业导师通常还能够根据学生的表现，提出具体的改进意见和鼓励措施，帮助学生逐步提升自己的能力和信心。

（三）企业导师制度与就业机会的对接

企业导师制度不仅是学术和职业发展的桥梁，还能够在实际操作中帮助学生与就业机会对接。通过企业导师的指导和推荐，学生能够获得更多的就业机会，并顺利进入职场。企业导师不仅为学生提供职业发展的规划，还能够通过自己的行业关系网，帮助学生找到合适的实习或就业机会，从而增加学生的就业竞争力。

企业导师可以根据学生在实习或项目中的表现，向企业推荐合适的人才。企业导师在观察学生工作表现的过程中，能够准确评估学生的优缺点，并为其提供改进的建议。通过这种指导和评价，学生能够在毕业前就获得企业导师的认可，而企业导师通常会根据学生的专业能力、职业素养以及团队合作精神等方面的表现，推荐学生进入企业进行实习或正式工作。企业导师的推荐不仅为学生打开了就业的大门，也使企业能够更精准地招聘到适合的人才。

企业导师通过对学生就业市场的了解，能够为学生提供具有针对性的求职建议。企业导师深知市场对专业能力和综合素质的要求，能够帮助学生在求职过程中避免常见的错误。通过企业导师的指导，学生不仅能够了解职场中最受欢迎的技能，还能够在简历撰写、面试技巧、职业规划等方面获得专业指导。这些支持大大提升了学生的求职信心和成功率。

第三节　学生就业实习与就业指导体系的完善

一、实习过程中的就业能力培养

（一）实习岗位的精准匹配

1. 深度合作：学校与企业的互动

实习岗位的精准匹配是实现学生顺利过渡到职场的关键环节，而这一匹配的实现离不开学校与企业之间的深度合作。在当前复杂多变的就业市场中，企业对高素质人才的需求已经发生了根本变化，单纯依靠学术知识往往无法满足企业的实际需求。许多企业更看重的是求职者的实践经验和综合能力，这使学校必须与企业建立长期稳定的合作关系，了解企业的最新需求、岗位要求和技能趋势。

学校应主动拓展与不同行业和企业的合作渠道，积极与多领域的企业建立联系，通过多种合作形式了解企业在不同岗位上的具体需求。学校定期邀请企业专家、行业精英进入校园举办讲座和座谈，提供最新的行业信息和技能需求，不仅能帮助学校及时掌握行业发展的趋势，还能使学生直接接触到真实的市场需求，从而增强他们对行业的理解与适应能力。学生通过这种面对面的互动与学习，能够更加清楚地了解不同岗位的核心技能要求，为后续的精准岗位匹配打下基础。

学校可以通过与企业的联合调研，了解特定岗位的最新发展趋势及所需的核心技能。例如，如果一名学生选择了计算机科学专业，学校可以与相关技术公司合作，了解当前市场中对软件开发、人工智能或数据科学等领域的岗位需求。这样，学校不仅能够准确把握技术领域的最新需求，还可以通过企业提供的岗位说明书，帮助学生了解职位的详细职责，确保学生能够选择与其专业背景和兴趣相匹配的岗位，最大化地提升学生的实习价值和实践经验。对于其他专业如市场营销、金融、艺术设计等，学校同样可以通过与相关行业的企业对接，了解市场需求的动态变化，并为学生推荐适合其能力与职业目标的岗位。例如，市场营销专业的学生可以通过学校与企业的合作，接触到与市场调研、品牌策划、客户关系管理等相关的岗位，帮助学生在实践中获得更深入的行业知识和职场能力。

2. 职业规划与自我评估：学生发展的起点

精准岗位匹配的实现不仅依赖于学校与企业的合作，还需要学生个人的积极参与和努力。学生的职业发展方向应从入学初期就开始受到关注，学校应通过职业规划课程和个性化的职业辅导帮助学生明确自身的职业目标。这一过程的核心是帮助学生认识自己的兴趣、性格特点以及专业能力，从而为其推荐与之匹配的岗位。职业规划的早期介入，不仅能够帮助学生对未来的职业路径进行前瞻性思考，还能帮助他们在选择岗位时作出科学、理性的决策。

职业规划课程的内容应根据学生的学科背景和行业特征，进行定制化设计。学校可以通过开设多层次的职业规划课程，帮助学生明确自己的职业兴趣、核心技能和职业价值观。同时，学校可以通过个性化的职业辅导，帮助学生分析自身的性格、优势与不足，为其选择合适的实习岗位提供具体的指导。在职业辅导的过程中，学校应结合学生的学业成绩、实践经验、个人兴趣等因素，为学生提供一对一的辅导服务，帮助学生充分了解自己，做好职业生涯的规划。例如，学校可以为有意从事信息技术行业的学生提供专业的职业测评，帮助学生评估在编程、系统架构、数据分析等方面的潜力。根据测评结果，学校可以为这些学生推荐技术性较强的岗位，如软件开发工程师、数据分析师等，从而使学生能够发挥自己的最大优势，增强其在行业中的竞争力。同样，学校可以为偏向市场沟通、品牌推广、客户管理的学生提供相关的职业规划建议，帮助学生明确自己的职业目标，并选择适合的岗位进行实习。

3. 培训与素质提升：岗位准备与快速适应

为了确保岗位的精准匹配，学校还应与企业共同制定岗位需求清单和岗位职责描述，确保学生了解岗位的实际要求。在实习前，学校可以为学生提供岗位相关的培训课程，帮助学生在进入岗位前掌握岗位所需的基本技能和素质。岗位的具体要求不仅包括专业技能，还应涵盖沟通能力、团队合作能力、解决问题的能力等多方面的素质要求。

学校可以与企业合作，设计针对特定岗位的培训课程，确保学生进入岗位时具备较高的岗位适应能力。例如，针对需要编程能力的计算机类学生，学校可以提供相关的技术培训课程，如编程基础、数据结构与算法、前端开发、数据库管理等课程。这些培训课程帮助学生在进入岗位前提升自己的专业技能，使其能够在实习中快速上手并表现出色。对于市场营销类岗位的学生，学校可以提供市场分析、品牌推广、数据挖掘、消费者行为学等培训课程，帮助学生掌握市场营销的核心技能。这些课程不仅帮助学生理解市场营销的理论框架，更让学生通过实战案例、模拟练习等方式，增强实际操作能力。

学校应在培训过程中强化学生的综合素质，诸如时间管理、团队合作、沟通协调等职场软技能；还应强调培养学生的创新思维和问题解决能力，鼓励学生在培训中尝试不同的策略和方法，提升其独立思考和创新解决问题的能力。

（二）实习过程的指导与评估

1. 实习指导教师：持续支持与反馈

实习是学生由课堂走向职场的关键过渡期。在这一阶段，学生不仅要将课堂上学到的理论知识应用到实际工作中，还需要在实际工作环境中积累宝贵的经验，提升其综合能力。为此，学校必须为每一位学生指派专门的实习指导教师，确保学生在实习过程中能够得到系统的指导与支持，获得必要的职业技能和职业素养提升。

实习指导教师的角色不仅仅局限于学术辅导，还包括职场发展的引导和支持。实习指导教师应为学生提供个性化的指导方案，帮助学生根据个人情况设定实习目标，并定期跟踪其进展。这意味着指导教师应定期与学生进行面谈，了解学生在实习过程中遇到的挑战和问题，帮助其调整实习方向或解决遇到的实际困境。通过这样的沟通，学生能够明确自己的优点和不足，调整工作方法，提升工作效率。实习指导教师还应鼓励学生进行自主学习，拓宽其思维视野，以便更好地应对职场的复杂情境。

实习指导教师不仅应关注学生的学术能力提升，还应关注学生的软技能提升，特别是沟通能力、团队协作能力和时间管理能力等。在现代职场中，专业知识固然重要，但良好的沟通技巧、团队精神和合理的时间安排同样是求职者的核心竞争力。实习指导教师可以通过与学生的定期沟通，帮助学生识别个人工作中的短板，并通过具体的实例或反馈加以改进。例如，如果学生在团队合作中存在困难，实习指导教师可以提供团队合作技巧的培训，帮助学生更好地适应工作环境。此外，实习指导教师还应与企业导师保持密切联系，确保学生在企业的实习过程中得到了全面的指导与反馈。通过与企业导师的协作，学校能够及时掌握学生在企业中的表现，帮助学生在实践中得到更多有价值的反馈。

2. 实习评估体系：全面评价学生表现

为了确保学生在实习过程中得到充分的锻炼，学校应设计一套全面的实习评估体系，确保学生在不同方面的能力都得到客观、公正的评估。这一评估体系不仅应关注学生的专业技能，还应包括学生的工作态度、团队协作能力、创新思维、沟通能力以及问题解决能力等多个维度。这种多维度的综合评估，不仅能够全面了解学生的实习表现，还能够帮助学生发现自身在职场中的不足，并为其未来职业发展提供有针对性的改进建议。

学校可以通过定期提交实习报告、阶段性评估和最终的实习总结等方式对学生进行全面评估。每个阶段的评估应该包含学生在实习期间的学习成果、实际工作中的表现以及对所学知识的应用能力。例如，学生可以在实习期间提交个人实习报告，报告中不仅记录学生在工作中取得的成就，还要描述在实习过程中遇到的挑战和问题以及学生如何通过自己的努力去解决这些问题。通过这种方式，学生不仅能够更清楚地认识到自己的优缺点，还能提高自我反思能力，进一步改进工作方法，提升工作质量。

除了学生自我报告，学校还应通过与企业导师的协作，对学生在实习单位的表现进行评估。这一评估不仅能够从企业的角度提供对学生的反馈，还能够帮助学校和学生更清晰地了解学生在职场中的适应能力和发展潜力。企业导师可以根据学生在实际工作中的表现，如在独立解决问题的能力、工作效率和团队协作精神等方面提供专业的评价。同时，企业导师也可以指出学生在职场中可能存在的短板，如沟通技巧的不足或时间管理的欠缺，为学生的改进提供具体的方向。

3. 自我评估与反思：培养职业素养

自我评估是职业发展的重要组成部分，能够帮助学生在实习过程中持续地认识、发现自己的优缺点，并从实际工作中汲取经验，不断改进自己的不足。自我评估不仅是一个过程，更是一个促进学生全面发展的手段，能够帮助学生提高自我认知，培养职业素养，并为其未来的职业生涯做更为充分的准备。

学生通过自我评估能够明确自己在实习过程中遇到的挑战和解决方法。自我评估的核心目的是让学生从实践中提炼出经验教训，识别自身的成长点以及改进的方向。例如，在与同事的沟通中如果出现了误解，学生在进行自我评估时，应能够认识到沟通中存在的问题，并总结出改进的策略，提高表达能力，在团队中更有效地协作。通过这种方式，学生能够提升解决问题的能力，并在职场中不断成长。

学校应通过自我总结的方式，鼓励学生将自己在实习过程中取得的进展和遇到的困难进行详细记录。这一过程能够帮助学生在反思中发现工作中未曾注意到的细节，增强自我反馈意识。学校还可以引导学生将个人成长与职业目标结合起来，帮助其在实习总结中反思自己的职业方向，进一步明确未来的职业规划。自我评估不仅限于对已完成任务的总结，还应鼓励学生在日常工作中保持批判性思维。在工作中，学生往往会遇到挑战和瓶颈，此时保持批判性思维能够帮助学生从多个角度审视问题，发现潜在的解决方案。例如，学生可以在面对团队合作中的冲突时，主动提出解决方案并与团队成员进行深入讨论，这样既能增强学生的领导能力，又能培养其解决实际问题的能力。

（三）实习经验的总结与分享

1. 实习经验分享会：相互学习与成长

实习经验的总结与分享不仅是学生个人职业成长的重要环节，也是促进学生集体进步的重要途径。通过总结和分享，学生能够从自己的实践经历中汲取经验，也能够从他人的经验中找到更好的解决方案。学校应定期组织实习经验分享会，邀请已经完成实习的学生与正在实习的学生进行面对面的交流，分享他们在实习过程中遇到的挑战、解决方法以及职场中的成长经验。

实习经验分享会的举办能够帮助学生深刻理解职场中的复杂性和多样性。在分享会上，学生可以讨论自己在实习中所取得的成就，分析自己所遇到的困难和问题，并与同学们分享自己克服困难的经验。通过这样的分享，学生能够从他人的经验中学习到更多有效的应对策略。例如，一名学生可能分享自己在工作中如何通过有效的沟通解决了团队内部的分歧，而另一名学生则可能分享了自己如何通过调整工作方法提高了工作效率。这种通过具体案例和实战经验的交流，有助于学生更直观地理解实际工作中可能遇到的问题和挑战。通过这样的分享，学生不仅能够意识到职场中实际问题的复杂性，还能通过他人的反馈和建议改进自己的工作方法。与他人的经验交流让学生能够避免走弯路，迅速吸取经验教训。进一步地，分享会能够激发学生在未来职业生涯中的持续学习动力。通过学习他人的成功与失败，学生能够更加清楚地认识到自己的优势与不足，推动他们不断进步，努力提升自己的职业技能和素质。分享会还能够促进学生之间的互动与合作。通过集体讨论和协作，学生能够互相启发，共同成长。这种学习氛围不仅有助于学生之间的情感交流，还能够加深他们对团队协作、解决问题和创新思维的理解。

2. 实习报告与案例分析：促进深度反思与总结

除了分享会，学校还应鼓励学生通过撰写实习报告、案例分析等方式总结自己的实习经验。这些报告不仅是对实习过程的回顾，更是学生对自己职业发展的深入反思。通过撰写实习报告，学生可以系统地总结自己在实习中的收获与不足，并从中提炼出对未来职业发展的思考和规划。这种反思过程不仅能帮助学生对实习内容进行总结，还能让学生在职场中获得更多的自我认知与提升机会。

实习报告作为一种反思工具，要求学生对自己的工作成果进行全面的评估，并在此基础上深入思考自己在职业发展中的优势和挑战。例如，学生可以在报告中详细描述自己完成的项目、遇到的困难以及采取的解决方案，并根据这些内容进行自我评估，反思自己在工作中的表现。通过这一过程，学生能够系统性地分析自己在实习中的表现，识别自己在专业知识、工作效率、人际沟通等方面的优势与不足。

学校可以通过设立奖项或展示平台，鼓励学生将自己的实习经验以报告的形式进行总结，并公开分享。这不仅能增强学生的写作与表达能力，还能够通过与他人交流提升学生的综合素质。在报告的撰写过程中，学生不仅需要有逻辑地组织思路，还要学会如何将自己的经验和思考清晰地表达出来，这对学生的职业沟通能力是一个重要的锻炼。通过向其他学生分享自己的报告，学生不仅能够提高自己的写作能力，还能够通过他人的反馈进一步完善自己的观点和工作思路。

学校可以通过评选出优秀的实习报告，将学生的成功经验和职场见解传播到更广泛的群体，从而提升学校整体的就业指导水平。通过这种方式，学校可以帮助更多的学生从他人的经验中获得启示，从而提高整体的就业竞争力。

3. 团队合作与经验共享：提高综合能力

在集体实习项目中，学生之间的互动与合作是提升就业能力的核心因素之一。通过团队合作，学生不仅能提高自己的沟通与协作能力，还能在共同解决问题的过程中提升集体意识与责任感。学校应鼓励学生在实习过程中发挥团队合作精神，通过集体讨论和总结会分享各自的经验和教训。在集体实习项目中，学生能够共同应对挑战，解决工作中的难题，且在合作中积累团队协作经验，这不仅有助于学生的职业素养提升，也能为其未来的职场发展奠定基础。团队合作的优势不仅体现在工作效率上，更在于集思广益、互相启发。在实习过程中，学生往往会遇到自己无法解决的问题，这时团队合作成为一个非常重要的工作方式。通过团队合作，学生可以在集体讨论中汲取他人的智慧，找到解决问题的新思路和新方法。同时，团队成员的不同背景和思维方式也能激发创新，帮助学生在更广泛的视角下思考问题。在团队合作中，学生能够培养跨学科协作、资源共享和信息整合的能力，进而提升个人的综合素质。在实习结束后，学校可以组织集体反思和总结会，鼓励学生从团队合作中汲取经验，提升集体合作能力。通过集体讨论，学生不仅能够反思在团队中遇到的沟通问题或协作障碍，还能够总结出团队合作中的成功经验。例如，学生可以分析在某一项目中的分工情况，探讨哪些方面的合作促进了项目的进展，哪些方面还需要改进。在这些过程中，学生不仅能发现团队中的不足，还能通过反思如何提升合作能力，为未来的职业生涯打下更为坚实的基础。

团队合作与经验共享的价值在于它能够增强学生在实际工作环境中的适应性，帮助他们更好地融入职场的集体合作氛围。通过这种集体学习的过程，学生不仅能提升沟通能力、团队协作能力和问题解决能力，还能培养对团队目标的高度认同感和责任感，这将为学生的职业生涯发展带来长期的正向影响。

二、完善的就业指导体系与学生发展

（一）职业规划与就业指导课程

随着社会的不断发展，单纯依靠知识和技能已经难以满足现代企业对于人才的多元化需求，学生的职业规划和发展方向变得尤为重要。系统的职业规划与就业指导课程将帮助学生从多个维度进行深入的自我分析，明确自己的职业发展目标，为未来职场生涯打下坚实的基础。学校应该将职业规划教育纳入课程体系中，帮助学生了解自己、行业需求以及未来职业的路径。

1. 理论与实践相结合：为学生提供多维度视角

职业规划与就业指导课程的设计应注重理论与实践相结合。理论部分可以帮助学生理解职业发展的基本理论框架，如职业生涯管理、职业目标设定、职业转型等基本知识。同时，学校可以邀请行业专家、企业导师等讲授课程，分享行业内的最新动态、发展趋势以及不同岗位的职业发展前景。通过这种方式，学生不仅能够从课堂理论中学到职业发展的核心理论，还能够从实际的行业经验中获得有价值的信息。企业导师通过分享个人经验以及所处行业的具体需求，能够帮助学生建立更加实际和清晰的职业预期。学校应为学生提供一些职业体验活动，如参观企业、组织模拟面试、职场角色扮演等，让学生可以直接感受到未来职业生涯的具体情况。通过这种互动体验，学生能够更直观地感知行业变化，进一步激发他们的职业兴趣和动力。例如，学校可以安排学生参观大型企业的研发部门或市场营销部门，让学生实地感受这些部门的工作环境与工作内容，为学生提供更多的职业选择和启发，帮助他们更加明确自己未来发展的方向。

2. 个性化的职业规划：帮助学生明确职业目标

每个学生的兴趣、能力和职业目标都有所不同，因此职业规划课程应根据学生的个性化特点，提供个性化的职业规划指导。学校可以通过心理测评、兴趣调查等方式，帮助学生了解自己的职业兴趣、性格特征、能力倾向等，进而制订出符合个人特点的职业规划。个性化的职业规划不仅能帮助学生明确就业目标，还能够帮助学生提高自信心，减少在求职过程中可能产生的焦虑情绪。例如，学校通过心理学工具进行测评，可以帮助学生更清楚地了解自己在情感管理、决策倾向、领导能力等方面的优势或短板。在此基础上，学生可以有针对性地选择适合自己的职业方向。对于那些性格外向、擅长沟通的学生，可以建议他们选择市场营销、客户关系管理等岗位，而对于那些性格内向、善于分析的学生，则可以建议他们考虑数据分析、科研研发等技术性较强的岗位。

3. 求职技能提升：培养学生的实际能力

职业规划与就业指导课程的一个重要目标是提升学生的就业能力。单纯的理论学习无法满足学生对职场实际需求的适应，学校应通过实际操作的方式，帮助学生提升求职技能和职场素养。学校可以组织简历写作、面试技巧、求职策略等方面的培训，帮助学生提升求职能力。通过模拟面试、就业市场对接等活动，让学生在实际的就业情境中锻炼自己，提升就业竞争力。简历写作和面试技巧是求职过程中最基础的技能，学校可以邀请有丰富招聘经验的人力资源管理专家来为学生开设专题讲座，讲解简历撰写的技巧、常见的面试问题及如何准备面试等内容。学校还应组织模拟面试环节，让学生在模拟环境中提前感受面试的氛围和流程，通过反复练习提升自己的表现。模拟面试不仅能帮助学生熟悉面试流程，还能培养他们在紧张情境下的自信心和表达能力。

（二）就业信息的提供与共享

在当今信息化、全球化的社会中，及时、准确地掌握就业市场的最新信息对于学生的就业决策至关重要。学校应通过多渠道、多平台的方式，为学生提供丰富、精准的就业信息，帮助学生在就业市场中占据有利位置。通过建立完善的就业信息平台、加强与企业的合作以及精准的信息推送，学校能够为学生提供及时、真实的就业机会，助力学生顺利进入职场。

1. 建立完善的信息平台：方便学生获取信息

学校应建立完善的就业信息平台，及时发布企业招聘信息、行业动态以及就业政策等相关内容。通过网站、微信公众号、就业信息管理系统等平台，学校可以让学生方便、快捷地获取各种就业信息。特别是对于各类招聘信息、校招信息、企业需求和行业动态，学校应确保信息的及时更新和发布，确保学生能够在第一时间掌握最前沿的就业市场信息。

2. 建立就业信息共享机制：深化校企合作

就业信息的共享是提升学生就业机会的重要途径。学校应加强与企业的深度合作，建立就业信息共享机制。通过与企业签订长期合作协议，学校可以直接获得企业的招聘信息、岗位描述及需求清单，从而为学生提供更加准确和及时的就业信息。学校不仅能共享招聘信息，还能提供更多的实践机会，如实习岗位、培训项目等，帮助学生积累实际经验。学校可以定期组织与企业的对接活动，为学生提供更多实习和就业机会。通过这种校企合作平台，学生不仅能够获取到来自企业的直接招聘信息，还能与企业的人力资源管理者、招聘经理、行业专家进行面对面沟通，了解行业内的最新需求。

3. 精准传递就业信息：根据需求推送

就业信息的精准传递是解决学生就业信息过载问题的关键。学校应根据学生的专业背景、职业规划和个人兴趣等因素，精确筛选和推送最符合学生需求的就业信息。这不仅可以避免信息过多导致学生的选择困难，还能帮助学生在复杂的就业市场中找到最适合的机会。例如，学校可以根据学生的学科背景、兴趣方向以及实习经历，精确推送与其职业规划相符合的招聘信息。通过分析学生的就业意向和进行技能评估，学校能够为学生推荐符合他们能力和职业目标的就业机会。学校还可以通过大数据分析和人工智能技术，在信息平台中进行精准推送，确保学生能够快速获取到最符合个人需求的职位信息，从而帮助他们作出最合适的就业决策。

（三）就业指导与咨询服务

就业指导与咨询服务是帮助学生顺利实现从校园到职场过渡的关键环节。通过设立就业指导中心，学校可以为学生提供个性化、专业化的就业咨询服务，帮助学生在求职过程中找到方向，提升就业竞争力。就业指导中心不仅为学生提供基本的求职信息，还通过一对一辅导、职业规划、面试模拟等服务，帮助学生克服求职中的焦虑，提高他们在职场中的适应能力和自信心。

1. 全面就业咨询：个性化服务

学校的就业指导中心应提供全方位的就业咨询服务，包括简历写作、面试技巧、求职准备等方面的专业指导。就业指导中心不仅帮助学生完善简历和求职信，还通过模拟面试、职业规划和面试反馈等服务，帮助学生提升求职技巧。通过一对一的就业辅导，学校可以了解学生的求职需求和个人优势，提供个性化的就业建议，帮助学生在竞争激烈的就业市场中脱颖而出。就业指导中心还为学生提供职业性格分析和就业目标设定等服务，帮助学生明确自己的职业目标，增强职业规划意识。

2. 就业辅导活动：提升就业素质

学校应组织各种就业辅导活动，帮助学生提高就业素质。学校可以定期举办职业规划讲座、求职技巧培训等活动，邀请行业专家和企业代表为学生讲解就业市场的最新趋势、企业的用人需求以及求职技巧等内容。这些活动不仅可以帮助学生了解行业动态，还能够让学生与企业代表直接沟通，增强他们对就业市场的了解。学校还可以组织模拟面试、招聘会等活动，为学生提供实践机会。在模拟面试中，学生可以体验面试流程，提前适应面试环境，提升面试表现。学校通过这些活动，可帮助学生积累求职经验，增强他们的自信心，为实际就业做好充分准备。

3. 企业专家就业咨询：强化校企合作

学校应加强与企业的合作，邀请企业专家为学生提供就业咨询服务。通过与企业的合作，学校能够更好地了解企业的用人需求，帮助学生了解企业的招聘标准和用人要求。企业专家可以定期为学生提供讲座和咨询服务，帮助学生在求职过程中更加有针对性地准备简历、面试，并为学生提供实际的求职建议。通过这种合作，学生可以从企业专家的视角了解职场要求，调整自己的求职策略，更好地适应就业市场的变化。企业专家的参与不仅可以为学生提供专业的就业指导，还能为学校与企业之间的合作搭建更加稳固的桥梁，进一步提升学校在就业指导方面的专业性和影响力。

三、校企合作中的就业服务保障

（一）就业协议的签订与保障

就业协议的签订与保障是确保学生就业权益的重要措施。通过校企合作，学校可以与企业共同签订就业协议，明确双方的权利与义务，确保学生的就业权益得到保障。

学校在与企业签订合作协议时，应确保协议内容明确、细致，涵盖学生的工作岗位、工作职责、薪酬待遇等重要事项。同时，学校应与企业共同制定合理的就业保障措施，确保学生能够顺利入职，并享有相应的福利待遇。

学校应为学生提供就业后的跟踪服务。通过定期回访、问卷调查等方式，学校可以了解学生的就业情况，并为学生提供就业后的支持服务。学校可以帮助学生解决工作中的问题，提供职业发展建议，确保学生能够顺利融入工作环境，并在职业生涯中取得成功。

（二）就业后的跟踪与反馈

就业后的跟踪与反馈是提升就业服务质量的重要途径。通过跟踪毕业生的就业状况和职业发展情况，学校可以及时调整就业指导与服务内容，确保学生能够在职场上获得长期的职业发展支持。

学校应通过建立毕业生跟踪调查机制，定期了解毕业生的就业状况。通过问卷调查、回访电话等方式，学校可以收集毕业生的反馈信息，了解他们在就业过程中的困难与挑战，为后续的就业服务提供依据。

学校应根据毕业生的反馈信息，调整就业指导与服务的内容。例如，学校可以根据反馈信息，调整职业规划课程的内容，更好地符合学生的实际需求；同时，学校还可以加强与企业的合作，了解企业对毕业生的用人需求，从而提供更具有针对性的就业服务。

（三）校企合作中的就业服务创新

校企合作中的就业服务创新是提升就业服务质量的重要途径。通过与企业的深入合作，学校可以开展一系列就业服务创新项目，为学生提供更多的就业机会和职业发展支持。

学校可以通过举办职业发展论坛、就业技能大赛等活动，为学生提供展示自我、提升能力的机会。例如，学校可以邀请行业专家和企业代表参与论坛，为学生提供职业发展建议和指导；同时，学校还可以通过就业技能大赛，帮助学生提高就业竞争力，增加就业机会。

学校可以通过与企业合作，设计创新的就业服务模式。例如，学校可以通过“实习＋就业”的模式，帮助学生在实习中找到工作；可以通过“双选会”平台，帮助学生与企业进行面对面的交流，提供更多的就业机会。

学校可以通过创新的就业服务模式，帮助学生提高职业素养，培养综合能力。例如，学校可以与企业合作开展职业素养培训，帮助学生提升团队合作能力、沟通能力和职业道德素养，使其更好地适应职场需求。

第七章 电子商务专业学生就业竞争力的评估与反馈机制

第一节 就业竞争力的评估标准与方法

一、就业竞争力的构成要素

（一）专业知识与技能

随着互联网技术的飞速发展和电子商务市场的不断扩展，企业对于电子商务专业人才的要求不仅是具备基础的理论知识，更希望其具备操作能力和相关的技术技能。专业知识的深度和广度直接影响学生的就业竞争力，专业技能的掌握情况决定了学生能否在竞争激烈的就业市场中立足。

电子商务专业的学生需要系统掌握多个核心领域的知识，其中包括电子商务平台运营、网络营销、供应链管理、数据分析等。具体而言，学生需要熟悉主流电子商务平台（如淘宝、京东、拼多多等）的运营规则，能够熟练操作平台管理系统、商品上架、订单处理等基本操作流程。掌握电子商务平台的运营规则和流程不仅帮助学生提升其日常操作能力，还能增强其对电子商务行业的理解与适应能力。

网络营销是电子商务专业中一个至关重要的领域，学生必须掌握搜索引擎优化（SEO）、搜索引擎营销（SEM）、社交媒体营销、内容营销等营销工具和方法。SEO 和 SEM 是互联网广告投放中的核心技能，学生需要了解如何通过优化关键词和内容来提高企业在搜索引擎中的排名，增加平台流量，进而推动销售增长。社交媒体营销也日益成为电子商务平台推广的主要手段，学生需学会通过社交平台（如微博、微信、抖音等）进行品牌宣传和用户互动，借助社交媒体的传播效应提升品牌知名度和用户黏性。

在技术方面，学生应具备一定的编程能力和数据分析能力。掌握数据分析工具，如 Excel、Google Analytics 等，能够帮助学生分析市场动态、消费者行为和运营数据，为决策提供支持。而编程能力则能够帮助学生在电子商务平台的功能开发、优化和自动化流程中起到更大的作用，进一步增强其在技术驱动的电子商务行业中的竞争力。

（二）实践能力

在学术教育中，理论知识和实践经验相辅相成，但实践能力往往在学生的实际工作中得到了更为直观的体现。对于电子商务专业的学生来说，通过实际工作或项目的参与，能够帮助他们更好地理解和掌握在课堂上学到的知识，并且提升他们解决实际问题的能力。

学生的实践能力通常体现在企业实习、项目实践以及团队合作等方面。通过企业实习，学生能够接触到真实的电子商务运营场景，亲身参与平台的运营、营销、数据分析等任务。这些实习经历不仅能够帮助学生积累实际工作经验，还能让他们从实践中发现并解决问题，提高自己在复杂情况下的应变能力。例如，学生在实习中参与电子商务平台的运营策划，可能需要根据市场情况调整商品展示、优化用户体验、设计促销活动等，这些都是锻炼其市场分析、用户需求洞察等实践能力的机会。

项目实践是一种重要的实践形式。学校通常会通过组织课程项目或合作项目，让学生在团队中进行角色分配、执行任务，并最终达成共同目标。这样的项目不仅增强了学生的工作能力，还培养了他们的团队合作精神和问题解决能力。例如，学生需要设计一个电子商务网站的营销方案或为某个品牌制订一套网络广告投放计划。这类实践能够帮助学生将所学知识与实际需求对接，提升其职业素养和动手能力，进一步增强学生的就业竞争力。此外，学生还可以通过参与创业项目、参加电子商务竞赛等活动来提升实践能力。这些活动提供了更多的实际操作机会，能够锻炼学生在实际环境中迅速分析问题、提出解决方案并执行的能力。

（三）职业素养

职业素养包括职业道德、团队合作能力、沟通能力、时间管理能力等，涵盖学生在职场中应具备的各种软技能。这些素质与学生的学术成绩和实践能力同样重要，能够决定学生在职场中的适应速度和表现。尤其在电子商务领域，学生不仅需要具备专业知识和技能，还需要具有良好的职业素养，才能在工作中充分发挥作用，与团队共同实现目标。

职业道德是每个学生在职场中必须具备的基本素质。在电子商务行业中，企业的生存与发展往往依赖于客户的信任与合作，保持良好的职业道德——包括诚实守信、遵守商业道德等，是每个电子商务从业者必须遵守的原则。学生在实习过程中展现出的职业道德，如遵守公司规章制度、保护公司机密、维护客户隐私等，能够帮助他们在职场中赢得尊重和信任，提升自己的职场声誉。

团队合作能力是至关重要的职业素养之一。在电子商务行业，尤其是在大型电子商务平台的运营中，团队协作至关重要。学生需要能够与不同岗位的同事紧密合作，共同完成项目目标。在团队项目中，学生的领导力、协调能力、沟通能力等都能得到锻炼。那些能够有效协调团队成员、分配任务、推动项目进展的学生，通常能够更快地适应职场并展现出更高的工作效率。

沟通能力和时间管理能力是电子商务专业学生在职场中不可忽视的重要素质。电子商务从业者需要与客户、合作伙伴、供应商等多方进行沟通，处理各种突发事件和问题。因此，能够清晰、有效地传递信息，协调合作各方的需求，解决合作中的各种问题，显得尤为重要。同时，电子商务行业的快速发展要求从业者能够合理安排工作时间，应对繁忙的工作节奏。那些具备良好时间管理能力的学生，能够有效避免拖延，提高工作效率，进而为企业创造更多价值。

（四）创新能力

随着电子商务行业的快速发展，创新能力已经成为学生就业竞争力的重要组成部分。在一个充满竞争与变革的行业中，能够提出创新的解决方案，优化现有业务流程或者创造新的商业模式，是学生脱颖而出的重要因素。

电子商务行业不断变化和升级，企业对于创新的需求也日益强烈。学生通过设计新型营销策略或优化电子商务平台的功能，能够为企业创造更大的价值。在电子商务平台日益饱和的市场中，创新不仅意味着找到新的营销方法，还包括在用户体验、数据分析、供应链管理等方面提出创新的解决方案。学生可以通过分析市场趋势，提出一种新型的促销模式或采用新的大数据分析方法优化用户行为预测，提升客户转化率。

创新能力不仅体现在技术创新上，还包括思维方式和工作方法的创新。学生可以通过参与跨学科项目，借鉴不同领域的知识，提升自己的创新思维。在团队中，学生可以通过创新的工作方式、团队管理模式等，为项目带来新的生机和活力。企业对于那些具有创新精神的员工给予高度评价，因为创新是推动企业发展的动力源泉。

（五）综合素质

综合素质包括逻辑思维能力、学习能力、抗压能力等多个方面，其决定了学生是否能够快速适应职场环境、具备处理复杂问题的能力。电子商务行业是一个变化非常迅速的行业，学生需要具备快速学习和适应变化的能力，才能跟上行业发展的步伐。

逻辑思维能力是学生在面对复杂问题时必须具备的基础能力。在电子商务行业中，学生往往需要处理大量的数据、信息以及多方意见，能够进行准确的分析并提出有效的解决方案。具备较强逻辑思维能力的学生，能够在分析用户需求、设计营销方案、解决客户问题时作出合理的判断和决策。

学习能力是学生就业竞争力的重要体现。随着电子商务技术和行业变化的不断推进，学生需要不断学习新的工具和技能，以适应行业的变化。那些具备较强学习能力的学生能够迅速掌握新知识并将其应用到实际工作中，从而保持持续的竞争力。

抗压能力是电子商务行业从业者在高强度工作压力下能够保持稳定表现的重要素质。电子商务行业的快速发展和激烈的市场竞争要求从业者能够快速应对突发情况、具备较强的抗压能力，才能在职场中保持高效工作并应对复杂的挑战。

二、定量与定性评估方法的结合

（一）定量评估方法

定量评估方法是指通过可量化的数据指标来评价学生的就业竞争力。这些指标通常具有客观性，能够反映学生的学术水平、实践经验和就业成果等方面的表现。定量方法的优势在于能够提供清晰、明确的数据支持，从而使评估过程具有高度的可操作性和透明性。

学生的学术成绩是定量评估中最直接的指标之一。通过课程成绩的统计，学校可以了解到学生对所学知识的掌握程度，进而评估其专业素养。成绩不仅反映学生的学习情况，还能间接反映学生的学习能力、时间管理能力以及解决问题的能力。例如，课程成绩较高的学生往往具有较强的理解和应用能力，在实际工作中往往能够更快地吸收和运用新知识，从而提升其就业竞争力。

实习表现是评价学生就业竞争力的重要指标之一。在实习过程中，学生能够将课堂上学到的理论知识应用到实践中，并且通过解决实际问题积累工作经验。学校可以通过对学生在实习中的表现进行定量分析，如通过对工作效率、任务完成质量、领导力和团队合作能力等方面的评估，来评价学生的实践能力。企业导师则对学生实习期间的工作表现进行评分，并结合具体的绩效标准来评估其综合能力。通过分析学生的实习表现，学校能够进一步了解其实际操作能力，为学生提供有针对性的建议，帮助其提升实践能力。

技能证书的获取情况是定量评估中的一个重要指标。电子商务专业的学生通常需要掌握一系列的技术工具和平台使用技能，如搜索引擎优化、电子支付系统、数据分析工具等。通过学生在这些领域获得的认证和证书，学校可以评估学生的技术能力和行业认可度。这些证书的获取不仅代表学生具备了特定的技术能力，也能够增强其在就业市场中的竞争力，因为许多企业在招聘时更加青睐那些拥有行业认证的求职者。

就业率、起薪水平和职业发展速度是衡量学生就业竞争力的重要指标。就业率反映了学生在毕业后找到工作的能力，而起薪水平则是对学生市场价值的一种衡量。通过对学生起薪水平的统计，学校能够判断学生在行业中的市场定位。职业发展速度是指学生在进入职场后的晋升或岗位变动速度，反映了学生在工作中获得职业发展的潜力。

（二）定性评估方法

与定量评估不同，定性评估侧重于通过观察、访谈、反馈和案例分析等方式，深入了解学生的职业素养、实践能力、创新能力等方面的表现。定性评估能够弥补定量评估中可能缺失的人际互动和情感因素，尤其是在评价学生的职业素养和团队合作能力时具有更高的准确性。

企业导师和实习单位的反馈是定性评估中的关键要素。学生在企业中的表现，尤其是在团队合作、沟通能力和解决实际问题的能力等方面，往往不能通过纯粹的数据进行衡量。通过企业导师对学生实习过程中的评价，学校能够深入了解学生的职业素养、执行力、团队合作能力等非学术方面的表现。企业导师会评价学生在项目中的表现，如是否能够独立思考、积极主动、有效沟通、解决工作中的难题等。

学生的自我评价是定性评估的重要组成部分。通过要求学生进行自我反思，学校能够鼓励学生从自身的角度出发，认识到自己在实践中所获得的成长与不足。自我评价不仅帮助学生加深对自己职业素养的认识，还能促进他们对未来职业发展的思考。学生可以通过撰写实习报告、参与项目总结等方式，对自己的优缺点进行总结，进一步明确自己的职业发展方向。

案例分析是一种典型的定性评估方式，尤其适用于评估学生在特定情境下的决策能力、创新能力和问题解决能力。通过让学生参与案例分析，学校可以了解其如何运用所学的知识和技能来解决实际问题。案例分析不仅能够考查学生的专业知识，还能够测试其在复杂情境下的应变能力和创新思维。学生在案例讨论中的表现可以反映出其分析问题的深度、沟通和协作能力以及解决问题的创新性。

访谈是定性评估的重要工具。通过与学生、企业导师和校内教师的访谈，学校能够深入了解学生的成长过程、个人能力和职业目标。访谈不仅能够收集到学生在实习和学习过程中的经验，还能够揭示学生在团队合作、职业规划等方面的潜力和发展空间。访谈提供了一个多维度、多角度的反馈机制，有助于学校全面了解学生的实际表现，并在此基础上为学生提供更具有针对性的指导。

第二节　产教融合效果的反馈与改进

一、产教融合的反馈机制建设

（一）反馈渠道的多元化

1. 定期召开校企座谈会

校企座谈会是一种直接而高效的反馈方式，能够通过面对面的交流，促进学校与企业之间的信息流动，及时发现和解决合作中存在的问题。校企座谈会通常由学校组织，邀请企业代表、学校教师及学生代表共同参与，通过集体讨论的形式，针对课程设置、实践安排、学生表现等方面展开深入讨论。这一形式不仅有助于收集不同参与方的意见和建议，还能帮助学校与企业建立更紧密的合作关系。

校企座谈会的最大优势在于其互动性强，能够快速达成共识并制定改进措施。通过与企业代表的直接交流，学校可以了解到企业在学生实习过程中遇到的问题，如学生在工作中存在的技能短板、实践经验不足等。企业也能反馈对学生培养的期望，学校可以根据这些反馈及时调整课程内容和教学方法。例如，如果企业反馈学生在数据分析方面的能力较弱，学校可以在后续的教学中加强数据分析课程的设置，或者通过与企业合作开展专项培训，提升学生在这一领域的能力。此外，校企座谈会还能帮助学校全面了解企业对学校教学质量和学生综合素质的评价。这不仅能为学校教学质量的改进提供依据，还能帮助学生了解企业在招聘过程中看重的能力和素质，指导他们更好地定位自己的职业发展方向。企业在校企座谈会上提出的用人需求，也为学校在培养学生时提供了新的视角，确保学校培养的人才符合市场和行业的实际需求。

2. 建立在线反馈平台

随着信息技术的不断发展，在线反馈平台成为一种便捷的反馈方式，能够高效、实时地收集和处理反馈信息。在线反馈平台的构建，使校企合作的反馈机制更加灵活和高效，企业和学生可以随时随地提交意见和建议，从而为学校提供实时的反馈数据。这种平台不仅能节省时间和人力成本，还能够将反馈过程透明化、规范化，提升反馈信息的及时性和有效性。

学校可以开发一个专门的校企合作在线反馈平台，平台可以设立多个反馈模块，如课程反馈、实习反馈、企业需求反馈等，方便不同方面的反馈信息分类管理与分析。企业代表可以通过平台提交关于课程设置、实习内容以及学生综合素质等方面的反馈，学生则可以提出对课程内容、教学方法、实习安排等方面的意见。通过这种在线反馈机制，学校能够实时掌握各方对教学和实践环节的评价，并根据反馈情况及时进行调整和优化。

在线反馈平台的一个优势是能够实现反馈信息的集中化管理和数据化分析。学校可以通过平台收集大量的反馈信息，并通过数据分析技术对这些信息进行整理和统计，形成可视化的报告，帮助学校管理者全面了解反馈情况，发现潜在问题。例如，通过分析平台上收集到的实习反馈数据，学校可以识别出在某一特定行业或领域的学生表现较弱，从而有针对性地在课程设置或实践安排上进行改进。

3. 开展问卷调查

问卷调查是一种系统的反馈方式，通过设计不同对象的调查问卷，能够覆盖更广泛的群体，提供更为全面的反馈数据支持。与校企座谈会和在线反馈平台的即时互动不同，问卷调查通过标准化的调查工具，能够收集到定量和定性相结合的反馈信息，为后续的改进提供翔实的基础数据。学校可以定期在校企合作的各个环节开展问卷调查，设计针对不同对象（如企业管理人员、实习导师、学生等）的问卷，收集他们对合作项目的评价和建议。问卷内容应涵盖课程设置、教学方法、实习安排、学生表现等各个方面，确保能够全面反映各方的意见。例如，学校可以设计专门的企业满意度调查问卷，了解企业在实习过程中对学生的整体表现、专业技能、工作态度等方面的评价，同时还可以设置学生问卷，了解学生对课程内容、实习安排、企业环境等的意见。通过问卷调查，学校能够从多个角度了解校企合作的效果，发现合作过程中可能存在的问题。例如，若多数企业反馈学生在数据分析方面存在不足，学校就可以加强这方面的课程设置或与企业合作开展专项培训。同时，通过问卷调查，还能够识别出学生对某些课程的兴趣不足或在实习过程中遇到的具体问题，学校可以基于这些反馈调整课程内容或改进教学方法。问卷调查的优势在于它能够覆盖较广泛的群体，获得大量的数据支持。尤其对于参与企业较多的合作项目，问卷调查能够系统地收集反馈，形成具有代表性和广泛性的数据。学校通过分析调查结果，可以获得更为全面和深刻的洞察，制定更具针对性的改进措施，进而提升校企合作的整体效果。

（二）反馈内容的全面性

1. 课程设置的反馈

课程设置是产教融合的核心内容之一，它直接影响到学生的就业能力和行业适应能力。学校和企业之间的合作与沟通，尤其在课程设置方面能够有效对接行业需求和教育目标，从而确保教学内容与市场发展的紧密结合。企业和学生的反馈是评估课程设置是否适应行业变化、满足就业要求的重要途径。

企业能够提供关于课程设置是否符合行业技术需求的反馈。电子商务、信息技术、市场营销等行业技术变化迅速，企业往往对最新的技术和发展趋势有着深刻的理解。企业反馈的课程设置内容，可以帮助学校了解哪些技术和理论内容需要补充和更新。例如，企业可能反馈目前课程中未能充分涉及大数据分析、人工智能、区块链等新兴技术，而这些技术在实际工作中越来越重要。如果企业提出了这一反馈，学校可以及时调整课程内容，引入这些技术的基础知识和应用技能，以确保学生毕业后能够顺利适应行业发展的需求。

学生的反馈在课程设置中十分重要。学生通过参与课程学习，可以直接感受到课程内容是否具有实践性和实用性。学生的反馈能帮助学校了解哪些课程内容与实际工作需求不匹配，哪些课程设置存在理论性过强、实践性不足的问题。电子商务专业的学生尤其需要在课堂上获得更多的实践机会，如通过模拟电子商务运营、数据分析项目等方式来加强实际操作能力。如果学生反馈当前的课程设置未能有效联系实际操作，那么学校可以根据反馈及时调整课程内容，增强课程的实用性和应用性。

2. 实践安排的反馈

实践安排是产教融合的一个重要环节，是帮助学生将理论知识转化为实际能力的关键步骤。实践安排包括实习、实训、项目实践等，它直接影响学生的职业素养和就业能力。通过企业和学生的反馈，学校能够评估实践环节的效果，并据此进行改进，以提升学生的实践能力和综合素质。

企业对学生在实习中的表现进行反馈，是学校了解学生专业知识应用能力、职业素养、创新能力等方面的有效途径。在企业实习中，学生将面临真实的工作任务，需要运用所学知识解决实际问题。企业的反馈能够帮助学校识别学生在实习中遇到的困难和不足。例如，企业可能反馈学生在实际工作中对电子商务平台的操作不熟练、缺乏系统思维和分析问题的能力、在团队协作中表现不佳等问题。根据企业反馈提供的具体信息，学校可以根据这些问题对教学和实践安排进行优化，以提高学生的实际操作能力和职业素养。

学生在实习期间的反馈十分重要。学生能够通过实习过程，深入了解职业发展需求及行业运作方式，积累宝贵的职业经验。学生的反馈可以帮助学校评估实习安排的合理性和有效性。例如，学生可能会反馈实习期间任务安排不明确或指导教师的指导不够系统等问题。通过学生的反馈，学校能够及时发现并解决这些问题，进一步优化实习安排，确保学生能够在实习中获得更多的学习机会和职业发展空间。

3. 学生表现的反馈

学生表现是产教融合效果的直接体现，它不仅反映了学生在实践环节中的能力，也体现了学生在课程学习过程中所积累的知识和培养的素质。企业和学生的反馈，能够全面评估学生的就业能力、综合素质以及职业发展潜力。通过对学生表现的反馈，学校能够准确评估产教融合的效果，并为学生提供更多的职业发展建议。

企业对学生综合素质和就业能力的反馈，能够帮助学校了解学生在工作中的适应情况和成长潜力。企业可以通过评估学生在团队项目中的表现、解决问题的能力、与客户和同事的沟通协调能力等，来反馈学生的职业素养和工作态度。企业的反馈也可以从学生的创新思维、领导力等方面提供有价值的建议。如果企业反映学生在某些岗位上表现不佳，学校可以针对性地调整课程和实践安排，培养学生在职场中必备的能力和素质。

学生自我反馈是评估学生表现的重要手段。通过要求学生进行自我评估和反思，学校能够了解学生在学习和实习过程中的成长与不足。学生可以通过填写自我评估表格，反馈自己在职业素养、技术能力、团队合作等方面的提升情况。这种自我反馈能够帮助学生更加清晰地认识到自己的优势和短板，为个人职业发展提供参考。

4. 企业需求的反馈

企业需求的反馈是产教融合的重要依据，它直接影响学校的人才培养模式和课程设置。随着行业的发展和技术的不断进步，企业对人才的需求也在发生变化。学校通过收集企业的反馈，能够了解当前行业对人才的具体要求，从而调整培养方案，以确保学生能够在毕业后顺利进入职场并快速适应工作环境。

企业对人才的专业技能、职业素养、创新能力等方面的需求，直接影响学校课程和实践安排的设计。例如，企业反馈对电子商务专业学生在数据分析、市场营销、物流管理等方面的技能有较高要求，学校可以根据这些反馈调整课程内容，强化相关专业技能的培养。同时，企业强调学生需要具备较强的团队协作能力、创新能力和沟通能力，这些要求能够帮助学校在培养学生时注重软技能的训练，为学生提供更加全面的能力发展机会。

企业需求反馈的作用不仅仅局限于课程设置，还包括对教学方法、实习安排等方面的指导。通过与企业的合作，学校能够了解企业对实际操作能力和专业能力的要求，帮助学生在实际工作中更加符合企业的需求。例如，企业反馈需要学生具备跨领域的工作能力，这促使学校在培养过程中注重跨学科的知识整合和实践应用能力的提升。

二、改进产教融合路径的策略

（一）优化课程体系

1. 增加实践性课程

实践性课程是提升学生就业能力和行业适应能力的重要途径。电子商务行业是一个高度实践导向的领域，企业对从业者的实际操作能力、解决实际问题的能力有着极高的要求。传统的理论课程无法完全满足这种需求，因此学校应根据企业和行业的发展趋势，增加更多的实践性课程，从而更好地帮助学生将所学的理论知识转化为实际能力。例如，学校可以开设“电子商务平台运营”课程，课程内容涉及电子商务平台的基本操作流程、商品上架、订单管理、市场推广等实际工作内容。为了提高课程的实践性，学校可以邀请企业专家或电子商务平台的管理人员担任讲师，分享他们在实际运营中的案例和经验。这些企业专家能够提供最新的市场动向和技术趋势，使学生能够及时了解电子商务行业的实际需求。通过这种方式，学生能够从理论和实践相结合的课程中，学习到如何在企业中发挥作用。

除了传统的课堂讲授，实践性课程还应包括项目实践和团队合作等环节。例如，学校可以组织学生参与实际的电子商务项目，让学生在真实环境中进行电子商务平台的运营策划、推广方案的制定、数据分析等任务。通过这些实践环节，学生可以积累丰富的工作经验，提升他们解决实际问题的能力。此外，学生可以通过参与企业合作的项目，获得第一手的行业信息，并与企业导师进行密切合作，建立起广泛的职业人脉，从而进一步提升就业竞争力。增加实践性课程，不仅有助于提高学生的职业能力，也能提升他们的就业率和就业质量。这种课程的实施使学生能够在毕业后快速适应工作环境，缩短入职培训期，为企业创造更大的价值。通过实践性课程，学校能够培养出更多符合市场需求、具备实际操作能力的高素质人才。

2. 邀请企业专家参与课程设计

企业专家参与课程设计是确保课程内容与企业需求紧密结合的重要途径。在快速发展的电子商务行业中，技术更新、市场需求和操作流程时刻都在发生变化，学校的课程设置和教学内容必须与行业发展保持同步。邀请企业专家参与课程设计，可以让课程内容更加贴合实际，确保学校所教授的知识和技能能够直接应用于职场，增强学生的就业竞争力。

企业专家的参与能够使课程内容更加符合行业的最新需求。学校的教师往往拥有扎实的学术背景和教学经验，但他们可能不完全了解企业在实际工作中面临的挑战和要求。企业专家能够为课程设计提供实际的行业需求和前沿技术，使课程内容更具实用性和前瞻性。例如，电子商务平台运营、数字营销、数据分析等领域的技术更新非常迅速，企业专家可以提供基于当前行业趋势的内容，帮助学校及时调整和优化课程大纲，确保学生在毕业时能够掌握最新的技术和行业动态。

企业专家的参与能够加强学校与企业之间的联系，促进产学研的深度合作。通过与企业专家的合作，学校可以更好地了解企业对人才的具体要求，确保学校所培养的人才符合企业的实际需求。企业专家不仅可以帮助学校设计课程内容，还可以在课程实施过程中提供指导，参与学生的实习和项目合作，帮助学生解决实际工作中的问题。这种产学研的合作模式，有助于提升教育质量和教学水平，推动学校和企业的共同发展。

企业专家的参与能够为学生提供更多的实践机会和职业发展的指导。企业专家不仅能在课程中提供行业的最新动向，还能通过举办讲座、工作坊等活动，分享他们的职业经历和行业经验，帮助学生更好地了解行业的职业要求和发展趋势。通过这种方式，学生可以从企业专家的分享中获得更多的职业启示，为自己的职业生涯做好规划。

综上，邀请企业专家参与课程设计，能够确保课程内容的时代性和实用性，提高课程的专业性和针对性，进一步提升学生的就业竞争力。

3. 引入新兴技术课程

为了确保学生具备在行业中立足的能力，学校应根据行业发展趋势，引入新兴技术课程。这些新兴技术课程将帮助学生掌握最新的技术，提升他们的技术水平和市场竞争力。通过学习前沿的技术，学生可以在毕业后迅速适应不断变化的工作环境，满足企业对高技术人才的需求。

学校可以开设“人工智能与电子商务”课程，介绍人工智能技术在电子商务行业中的应用，如智能推荐系统、机器学习在精准营销中的使用等。人工智能技术正在改变电子商务平台的运营方式，通过大数据和算法，企业能够更好地分析用户行为，提升客户体验和销售效率。学生通过学习这一课程，能够了解人工智能如何提升电子商务平台的运营效率以及如何在实际工作中运用这些技术。

“区块链技术应用”课程是当前电子商务领域的热门方向。区块链技术不仅在金融行业具有广泛的应用，也逐渐渗透到电子商务、供应链管理等领域。学校可以通过开设该课程，让学生了解区块链的基本原理、技术应用及其在电子商务行业中的潜力。例如，区块链技术可以用来提高电子商务平台的支付安全性，保障消费者权益，或者用于追溯商品的来源和运输过程。

学生还可以学习其他新兴技术，如大数据分析、云计算、虚拟现实和增强现实技术等，了解这些技术在电子商务行业中的应用。例如，通过大数据分析，电子商务平台能够实现精准营销、个性化推荐、优化库存管理等。通过引入这些新兴技术课程，学校能够帮助学生掌握行业内的最新工具和方法，为他们进入职场后提供更多的技术支持和职业发展空间。

（二）加强实践环节

1. 建立实习基地

实习基地是学生积累工作经验的重要平台，为学生提供了一个真实的工作环境，让学生能够将课堂上学到的理论知识转化为实践能力。通过实习，学生不仅可以了解行业的最新动态和发展趋势，还能够锻炼职业素养，掌握实际操作技能，提升就业竞争力。为了确保学生能够通过实习获得有价值的经验，学校应积极与企业合作，建立长期稳定的实习基地。

学校与企业合作建立的实习基地需要根据学生所学专业和企业的需求来精确匹配。例如，学校可以与电子商务公司、互联网公司或物流企业合作，建立针对电子商务专业学生的实习基地。在这些基地中，学生将参与企业的实际项目，担任不同的岗位，如电子商务平台的运营、客户服务、数据分析等职能。

实习基地不仅是学生积累工作经验的平台，也是学生与企业互动的平台。在实习过程中，学生能够直接与企业的工作人员、管理者和导师进行接触，了解企业的运作方式和管理模式。学生能够从企业导师那里获得职业指导，了解企业对人才的要求，并通过实际参与项目，提升自己的能力。例如，学生可以参与电子商务平台的市场推广、广告投放、数据分析等实际工作，直接参与企业的运营和决策。这种直接与企业接触的机会，能有效提高学生的职业素养，帮助他们在未来的就业中具备更强的市场竞争力。

实习基地是学校与企业进行长期合作和反馈的重要场所。学校可以通过实习基地定期收集学生在实习期间的表现和企业的反馈，以便及时调整课程设置和实践安排。通过不断优化实习基地的内容和形式，学校能够确保学生在实践中获得更多的成长机会，帮助他们更好地为进入职场做准备。

2. 开展校企合作实验室

校企合作实验室是学生提升实践能力的重要平台，尤其是在技术密集型领域，如电子商务、数据分析、人工智能等。通过与企业合作建立实验室，学校可以为学生提供先进的设备和技术支持，创造出一个更接近真实工作环境的实践场所。在这些实验室中，学生能够参与到具体的技术开发和项目运作中，增强其专业技能和创新能力。

学校与企业的合作可以使学生在校期间就能够接触到前沿的技术和工具。学校可以与大型电子商务平台或技术公司合作，共同建立电子商务实验室，提供先进的网络营销、数据分析、人工智能等技术支持。学生在这些实验室中，能够通过参与实际项目的开发、运营和优化，提升自己的技术水平，并掌握当前行业内最先进的工具和方法。学生可以利用数据分析工具进行市场趋势预测、用户行为分析等，帮助企业进行决策支持。

校企合作实验室能够为学生提供跨学科的学习平台。在校企合作实验室中，学生不仅可以学习与自己专业相关的内容，还能够与来自不同学科的同学和企业员工合作，拓宽自己的视野和提升自己的能力。通过与企业技术人员、市场专家等共同工作，学生能够在多领域合作中提升自己的沟通能力、团队协作能力和项目管理能力。

3. 组织实践项目

实践项目是学生提升实践能力、培养创新精神的重要途径。通过与企业合作开展实践项目，学校能够为学生提供更多的动手操作机会，让他们在项目实践中提升自己的创新思维、问题解决能力和科研水平。实践项目不仅能帮助学生理解和运用所学的知识，还能够激发他们的创造力和团队协作能力，为未来的职业发展奠定坚实基础。

学校可以与企业共同组织一些实际的电子商务平台开发项目，让学生在项目中担任不同的角色，如项目经理、数据分析师、开发工程师等。通过这种角色分配，学生不仅能够学到相关的技术和业务知识，还能在项目过程中培养组织、协调、管理等综合能力。在电子商务平台开发过程中，学生需要进行市场调研、用户需求分析、平台设计和开发、运营推广等工作。通过项目的实施，学生能够全面了解电子商务平台的运营流程，并通过解决实际问题提高自己的能力。

实践项目能够培养学生的创新能力和科研水平。通过参与企业的实际项目，学生可以遇到许多现实工作中的挑战和问题，这些问题往往是学术课程中无法完全模拟的。学生需要运用创新思维，提出解决方案，推动项目的实施。通过这种实际的科研和创新经历，学生不仅能够提升自己的问题解决能力，还能激发自己的创新潜力。例如，学生可以通过数据分析为企业制定更有效的市场营销策略，或者通过技术创新优化电子商务平台的用户体验。这种创新能力的培养，对于学生的职业发展具有重要意义。

实践项目有助于提高学生的团队合作能力。在企业合作项目中，学生往往需要与来自不同专业背景的同学以及企业的工作人员共同合作。在项目中，学生能够与团队成员共同讨论问题、制定方案，分工合作，最终实现项目目标。团队合作能力是现代职场中极为重要的一项能力，通过参与实践项目，学生能够在团队中找到自己的角色，学会如何在团队中发挥作用。

（三）提升企业参与度

1. 邀请企业专家担任兼职教师

企业专家担任兼职教师是提升企业参与度的一种重要途径，能够将行业的最新动态、技术要求和企业文化带入课堂，增强学生对行业的理解和对未来职业的认知。通过这种方式，企业不仅能直接参与对学生的教育过程，还能帮助学生更好地适应职场需求，提升他们的职业素养和就业能力。

企业专家在教学中的参与，能够为课程提供更多的实战案例和行业前沿知识。企业专家通常在工作中积累了丰富的行业经验和实践技巧，他们可以将自己在实际工作中的经验与学生分享，帮助学生了解课程内容在真实工作环境中的应用。例如，在电子商务课程中，企业专家可以分享他们在电子商务平台运营、数据分析、市场推广等方面的实战经验，通过具体的案例展示如何应对市场竞争、如何运用技术提升运营效率等。

企业专家的参与能帮助学生深入了解企业文化和行业的工作环境。每个企业都有自己独特的文化、管理模式和工作流程，企业专家通过与学生的互动，可以为学生提供有关企业运营、职场沟通、团队合作等方面的指导。例如，企业专家可以通过讲述自己在工作中的经历，帮助学生理解如何在工作中处理人际关系、如何有效地与团队成员协作以及如何应对职场中的压力和挑战。

此外，企业专家的参与能够为学生提供更广泛的就业网络。企业专家往往有着广泛的行业联系和人脉资源，通过课堂和实践指导，学生可以与企业专家建立联系，获取更多的职业发展机会。例如，企业专家可以推荐优秀的学生到企业进行实习或就业，帮助学生顺利过渡到职场。

2. 开展校企合作研究项目

校企合作研究项目是提升企业参与度的重要途径。通过与企业合作开展研究项目，学校能够将学术研究与行业需求紧密结合，为学生提供更多的实践机会，同时帮助企业解决实际问题。通过这种方式，企业能够从学术界获得创新的思想和技术支持，学校则能从企业的需求中获得新的研究课题和实践资源，从而推动教育与产业的深度融合。

校企合作研究项目为学生提供了更多的实践机会和项目经验。学生在参与这些研究项目时，不仅能够在课堂上学到理论知识，还能将这些知识运用到实际的研究和开发工作中。例如，在与电子商务公司合作开展的研究项目中，学生会参与到市场趋势分析、消费者行为研究、供应链优化等课题的调研与分析工作中。在这一过程中，学生能够将所学的定量分析、数据处理、市场营销等知识应用到具体的项目中，从而提高他们的实际操作能力和创新思维能力。此外，学生还能够在项目过程中与企业的专家和技术人员直接合作，学到更多行业内的先进技术和应用方法。

校企合作研究项目能够帮助学生了解行业前沿动态，提升科研水平。企业通常会参与到最新技术和发展趋势的应用中，能够为学校提供行业最前沿的研究课题和实际应用需求。学生通过参与这些合作研究项目，能够深入了解行业中的新技术、新理念和新商业模式，提升自己的科研水平和创新能力。例如，在与科技公司合作的项目中，学生会接触到人工智能、大数据分析、区块链等前沿技术，通过对这些技术的研究和应用，学生能够提升对新技术的理解和运用能力，从而在未来的职业发展中占据先机。

校企合作研究项目能促进学校与企业之间的长期合作和资源共享。通过合作研究项目，学校可以与企业建立更加紧密的联系，为学生提供更多的实践机会，企业也能从学校的研究成果中获得技术支持和创新方案。企业在项目中的参与不仅限于资金支持，还可以提供技术指导、市场数据分析和行业趋势预测等方面的支持，确保研究项目的顺利进行。

第三节 学生就业率与就业质量的衡量

一、就业率的统计与分析

（一）就业率的统计方法

1. 问卷调查法

问卷调查法是通过向毕业生发放问卷，收集学生就业情况的常用方法。学校可以在毕业生离校后的一定时间内（如三个月或六个月）发放就业情况问卷，问卷内容包括是否已就业、就业岗位类型、行业分布、薪资水平等方面的信息。通过对问卷的回收和统计，学校可以获得较为全面的就业数据。为了提高问卷回收率和数据的准确性，学校可以采用多种形式进行问卷发放，如通过邮件、社交媒体、学校就业信息平台等进行问卷填写。

2. 电话回访法

电话回访法是通过直接联系毕业生，了解他们的就业情况。学校就业指导部门可以通过电话访问毕业生，了解他们的就业状况和职业发展路径。这种方法的优点是能够获得更为详细的就业数据，并且有助于了解学生在就业过程中的具体感受与困难。然而，电话回访的时间成本较高，且部分毕业生可能因个人原因未能及时接听电话或愿意参与回访，因此需要灵活安排回访的时间段，并对未接到的电话进行第二次回访。

3. 就业信息平台

随着信息技术的发展，学校可以通过建立就业信息平台，收集毕业生的就业数据。这些平台通常能够实时收集毕业生的就业情况，涵盖职位、行业、薪资、工作地点等信息。就业信息平台不仅能帮助学校跟踪毕业生的就业动态，还能够与用人单位进行有效对接，提供更多的就业机会。这些平台可以与学校的就业管理系统对接，系统化地记录和管理学生的就业情况，从而为后续的就业分析提供数据支持。

（二）就业率的分析维度

1. 行业分布

通过分析毕业生所从事的行业，学校可以判断学生的专业方向与行业需求的匹配程度。以电子商务专业为例，学校可以分析毕业生在电子商务平台、互联网企业、传统零售企业等不同类型企业的就业比例。这一分析可以帮助学校评估电子商务专业的教学方向是否与市场需求对接，是否培养了学生在多样化行业中的竞争力。行业分布的分析还能够反映出行业的发展趋势。例如，如果大部分毕业生进入了跨境电子商务行业，说明该行业可能正处于快速发展阶段，未来的就业机会也会相应增多。如果大多数毕业生选择进入传统零售行业，说明该行业的就业需求仍然稳定，而学生也能够根据行业特点作出更好的职业规划。

2. 地域分布

地域分布反映了毕业生在不同地域的就业情况。学校可以根据学生的地域分布，分析毕业生是否更倾向于在一线城市、二线城市或其他地区就业。以电子商务专业为例，学校可以分析毕业生是更多选择在北京、上海、广州等电子商务行业较为发达的一线城市就业，还是更多选择在二线城市或三线城市的电子商务企业中工作。地域分布分析可以帮助学校了解哪些地区的就业市场更为活跃，哪些地区的毕业生需求更大。地域分布分析对于学校的就业指导也具有重要意义。学校可以根据分析结果，帮助学生更好地规划未来的就业方向。例如，如果大多数毕业生选择留在一线城市就业，学校可以加强对学生的城市就业环境、租房问题、生活成本等方面的指导，帮助他们做好充分准备。

3. 企业规模

学校可以通过对毕业生所就业企业的规模进行统计，分析其就业去向是否与学校的培养方向相匹配。例如，学校可以分析毕业生在大中型企业、初创公司、国有企业等不同类型企业中的就业比例。通过这一分析，学校能够了解毕业生的就业选择是否集中在某一类型的企业，是否存在过度依赖大型企业的现象。企业规模的分析还有助于学校了解毕业生的就业稳定性和职业发展空间。例如，进入大企业的毕业生可能享有更稳定的工作环境、更高的薪资水平和更好的职业发展机会，而进入初创公司的毕业生则可能面临更大的挑战和不确定性。学校可以根据这一分析结果，提供更具针对性的就业指导，帮助学生选择适合自己的企业类型。

二、就业质量的评价标准与方法

（一）就业质量的评价标准

1. 薪资水平

薪资水平反映了毕业生在就业市场中的市场价值。学校可以通过统计学生的起薪水平、平均薪资等指标，来衡量学生的就业质量。起薪水平通常用来评估学校在培养学生就业能力方面的成效，同时也反映了学生所在行业的薪资水平。通过这一标准，学校可以了解哪些专业和行业的薪资水平较高，哪些行业的薪资水平较低，从而帮助学生更好地了解自己的就业预期。

2. 职业发展空间

职业发展空间反映了学生在所选择职业中的成长潜力和晋升机会。例如，学校可以通过跟踪毕业生的职业晋升速度，了解其在职场中的成长情况。晋升速度较快的毕业生通常意味着该行业或企业对其技能的认可，职业发展空间也较为广阔。通过这一标准，学校可以了解学生在不同职业领域中的发展潜力，并为学生提供更具针对性的职业规划指导。

3. 工作满意度

工作满意度反映了毕业生在职场中的幸福感和成就感。学生的工作满意度不仅仅与薪资水平相关，还与工作内容、工作环境、职业前景等多方面因素有关。学校可以通过问卷调查等方式，了解学生对工作的满意度，包括他们对工作环境、同事关系、职业发展机会等方面的评价。这一标准能够帮助学校了解学生在就业中的真实感受，从而为后续的就业指导和课程调整提供依据。

（二）就业质量的评价方法

1. 定量评价方法

定量评价方法通常通过收集具体的统计数据来评估就业质量。学校可以通过对毕业生薪资水平、职业发展速度等数据的统计分析，量化学生的就业质量。这些数据可以通过就业信息平台、问卷调查、电话回访等方式进行收集。在分析过程中，学校可以将不同学科、行业和地域的毕业生薪资水平进行比较，找出哪些专业和行业的就业质量较高，哪些就业质量较低。定量评价的优势在于其客观性和可操作性。通过具体的数据分析，学校可以清楚地看到学生的就业状况，并根据数据结果作出相应的调整。

2. 定性评价方法

定性评价方法侧重于学生的主观感受和反馈，通常通过访谈、案例分析等方式了解学生对工作的满意度和职业发展的期望。学校可以通过组织学生访谈、设置问卷调查等方式，了解毕业生在进入职场后的真实体验。学生会反馈他们在工作中的成就感、职业发展机会、工作环境等方面的感受，从而帮助学校了解学生在就业过程中可能遇到的困难和挑战。定性评价能够提供更为深入和个性化的反馈，帮助学校了解学生就业质量中的非量化因素，如学生的职业满足感、成就感和个人成长等。

参考文献

[1] 张毅．中职“课程思政”实施中的几点思考 [J]．现代职业教育，2021（18）：74－75.

[2] 张波，杨丹丹．“电子商务”课程思政教学改革研究与设计 [J]．办公自动化，2021，26（2）：40－41.

[3] 邱春红．电子商务专业“课程思政”的探索与实践：以“图形图像处理”课程为例 [J]．广东交通职业技术学院学报，2020，19（3）：78－81.

[4] 刘永军 . 电子商务专业现代学徒制人才培养模式研究 [J]. 商场现代化，2019（21）：51－52.

[5] 黄睿 . 高职电子商务专业现代学徒制实践窘境探究 [J]. 科技创新与生产力，2019（11）：76－78.

[6] 王超君 . 基于陶行知思想的职业学校现代学徒制教育研究：以电子商务专业为例 [J]. 无线互联科技，2019，16（1）：127－128.

[7] 徐超 . 高职电子商务专业现代学徒制教育模式及校企合作模式的探索与研究 [J]. 电子商务，2015（7）：85－86.

[8] 谢海燕，石盈，于斌 . 校企合作实施“1+X”证书制培养跨境电商人才的探索与实践 [J]. 商展经济，2021（18）：124－129.

[9] 黄毅，储华 . 高职跨境电商专业校企共建“双师型”教师培养培训基地实践 [J]. 现代商贸工业，2021，42（29）：40－41.

[10] 刘彬 . 高职跨境电商人才培养中校企互助式融合的重要性 [J]. 中国商论，2021（16）：181－183.

[11] 乔宪遐，熊丽 . 以实战为导向的电子商务实践教学改革探讨 [J]. 实验技术与管理，2015，32（11）：174－176.

[12] 罗俊 . 基于现代学徒制的高职院校跨境电商人才培养探究 [J]. 教育与职

业，2019（24）：107－111.

[13] 邓怀勇，马琴 . 高职院校校企产学研深度融合的路径探索 [J]. 教育与职业，2020（5）：104－107.

[14] 朱桥艳，钟飞燕 . 跨境电商背景下职业院校现代学徒制人才培养 [J]. 教育与职业，2019（22）：106－111.

[15] 云芳 . 双循环新发展格局下的高职跨境电商人才培养探索 [J]. 教育与职业，2021（24）：107－112.

[16] 张华，柯丽菲，陈红军 .1+X 证书制度下高职院校跨境电商专业人才培养模式构建与实践 [J]. 职业技术教育，2022，43（11）：17－21.

[17] 童红斌 .TF-POPBL 高职电子商务课程教学模式研究 : 以示范建设中网络营销课程教学改革为例 [J]. 现代教育技术，2013，23（3）：118－121.